Stricken
Lieblingssachen selber machen

compact via ist ein Imprint der Compact Verlag GmbH,
Baierbrunner Straße 27, 81379 München

© Compact Verlag GmbH, München/Giunti Editore SpA, Florenz-Mailand
Ausgabe 2015
2. Auflage

Alle Rechte vorbehalten. Nachdruck, auch auszugsweise, nur mit ausdrücklicher Genehmigung des Verlages gestattet. Alle Angaben wurden sorgfältig recherchiert, eine Garantie bzw. Haftung kann dennoch nicht übernommen werden.

© 2005 Giunti Editore SpA, Florenz-Mailand für die Texte und Abbildungen auf den Seiten 7–112 aus „Scuola di maglia"
© 2015 Compact Verlag GmbH, München für die Texte und Abbildungen auf den Seiten 113–224
Chefredaktion: Dr. Matthias Feldbaum
Redaktion: Dr. Verena Stindl
Produktion: Ute Hausleiter
Abbildungen: siehe Bildnachweis S. 224
Titelabbildung: fotolia.com/Sulamith
Gestaltung: textum GmbH
Umschlaggestaltung: h3a GmbH, München

ISBN 978-3-8174-8890-2
381748890/2

www.compactverlag.de

Inhalt

Vorwort	4
Stricknadeln, Wolle & Co.	5
Das ABC des Strickens	14
Kragen, Ärmel & Co.	91
Strickprojekte	**113**
Bekleidung für Sie & Ihn	114
Kinderbekleidung	152
Mützen, Taschen & Co.	186
Register	223

Vorwort

Stricken – ein Jahrhunderte altes Handwerk, das sich an vielen Orten der Welt großer Beliebtheit erfreut. Mehr und mehr Menschen entdecken das Stricken als Hobby für sich. Kein Wunder, denn Stricken entspannt, regt die Kreativität an und gibt einem das gute Gefühl, etwas Sinnvolles zu tun, denn am Ende steht immer ein einzigartiges Strickstück. Das erfüllt mit Stolz und sorgt dafür, dass man an diesem Hobby auch dann noch seine Freude hat, wenn man die Stricknadeln zur Seite gelegt hat.

Auch anderen Menschen können Sie mit Selbstgestricktem eine große Freude machen. Schließlich gibt es keinen größeren Liebesbeweis als ein schönes Stück in der Lieblingsfarbe des Beschenkten, das Sie eigenhändig und Masche für Masche angefertigt haben!

Das Prinzip des Strickens ist genial einfach: Lediglich mit zwei oder mehr Stricknadeln verwebt man einen Wollfaden, sodass eine stabile Fläche entsteht. Andererseits ist Stricken aber auch unglaublich vielseitig, denn praktisch jede Form und jedes Muster lassen sich mit den richtigen Techniken, Maschen und Strickmustern herstellen. Hier ist von einfach und schlicht bis aufwendig und kompliziert alles möglich, auch wenn die komplexeren Stücke natürlich etwas Erfahrung voraussetzen. Aber Übung macht den Meister, und am Ende winkt als Belohnung das ganz persönliche neue Lieblingsstück.

Nicht nur Maschen und Strickmuster beeinflussen, wie Ihr Projekt am Ende aussieht. Bereits die Wahl des Strickgarns spielt eine große Rolle. Heutzutage findet man neben klassischer Schur- und Baumwolle auch zahlreiche außergewöhnliche Kunst- und Mischfasern, die ihre ganz eigene Wirkung entfalten. Auch was Farben, Garndicken und Strukturen angeht, gibt es eine große Auswahl. Die unterschiedlichen Garne lassen sich auch effektvoll miteinander kombinieren – hier ist Ihre Kreativität gefragt.

Gehen Sie einfach einmal durch den Wollladen Ihres Vertrauens und lassen Sie sich von der Fülle an Knäueln inspirieren. Wie wäre es mit einer Mütze aus weicher Schurwolle mit flauschigen Akzenten, einer Borte mit Glitzereffekt oder sogar mit eingestrickten Pailletten?

Jetzt brauchen Sie nur noch die richtigen Techniken und ein paar gemütliche Stunden mit Ihrem Strickzeug, um Ihre Ideen umzusetzen.

Viel Spaß beim Stricken!

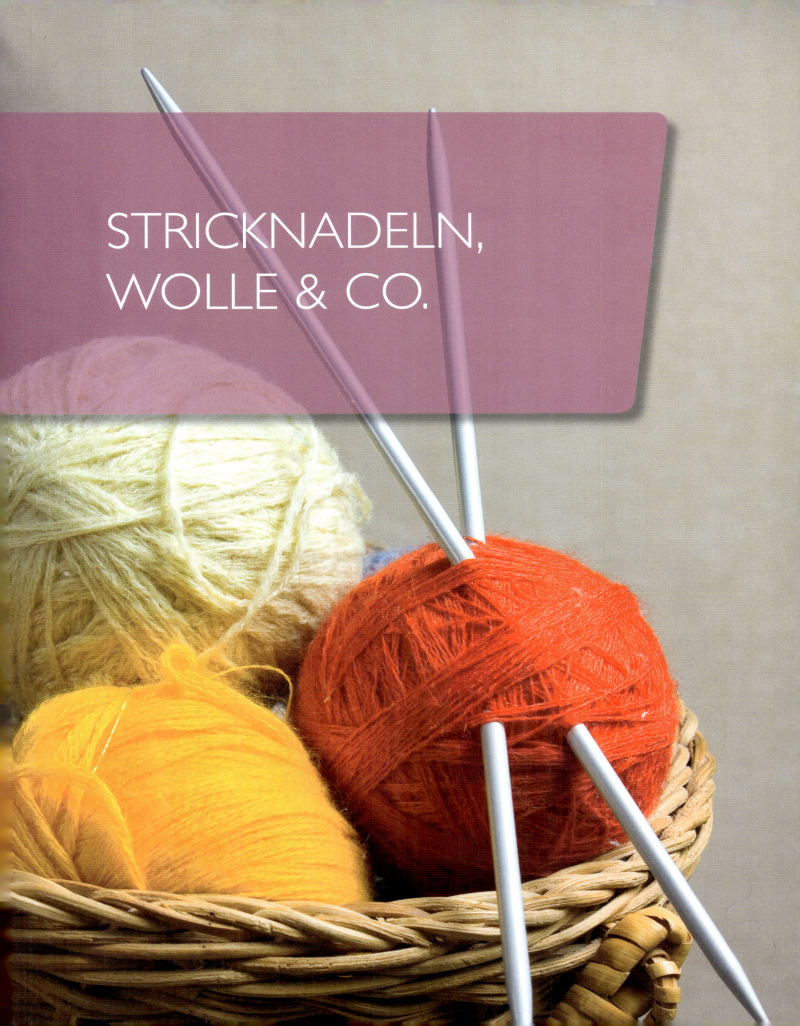
STRICKNADELN, WOLLE & CO.

Die Garne

Eigenschaften von Naturfasern und synthetischen Garnen

Im Handel sind neben reinen Naturfasern auch Garne in unterschiedlichen Mischverhältnissen mit synthetischen Fasern erhältlich. Zu den Naturfasern zählen: Wolle, Baumwolle, Leinen, Seide und Bast. Bei Schurwolle handelt es sich um 100-prozentige Schafwolle, die aus dem abgeschorenen Fell (Vlies) des Schafs gewonnen wurde. Es gibt aber auch noch andere Tiere, deren Fell verwendet wird, wie z. B. die Angoraziege, das Lama, das Kamel oder das Rentier, doch bleibt das Schaf der Wollproduzent Nummer 1. Ein Großteil der natürlichen Wolle, die heute verkauft wird, wurde gegen Motten und Verfilzen behandelt.

Die verschiedenen Garne

Alpakawolle ist sehr fein und dünn und wird hauptsächlich für Schals und leichte Pullover verwendet.

Angorawolle ist die weichste Wolle, die es gibt. Sie hat besonders wärmende Eigenschaften, neigt aber dazu, Wollfasern zu verlieren. Angorawolle wird aus dem Fell des Angorakaninchens gewonnen. Sie eignet sich für feminine Damenpullover, Schals und Tücher.

Bouclégarn kann aus Baumwolle oder Wolle sein und besteht aus zwei Spinnfäden, einem gespannten und einem lockeren, die durch eingesponnene „Schlingen und Löckchen" miteinander verzwirnt sind. Bouclégarn eignet sich für schlichte Teile ohne große Zierelemente.

Kaschmirwolle gilt als die edelste, feinste und weichste Wolle überhaupt. Sie kann verstrickt oder verhäkelt werden und eignet sich zur Herstellung von Pullovern, Schals und Mützen.

Chenillegarne gibt es aus Woll- und Baumwollmischungen. Sie haben eine plüschartige, weiche Oberfläche und werden vorzugsweise für Arbeiten in den Grundstrickarten glatt rechts und kraus rechts verwendet. Wegen ihrer besonders weichen Struktur eignen sie sich bestens für Kinderbekleidung sowie Schals und Mützen.

Cablégarn: Für Cablégarne werden 2 oder mehr Spinnfäden verzwirnt; dann werden mehrere verzwirnte Fäden nochmals miteinander verzwirnt. Dadurch entsteht ein sehr elastisches und strapazierfähiges Garn, das vorzugsweise für Häkelarbeiten verwendet wird.

Acryl-Woll-Mischungen bestehen aus 2 Spinnfäden Wolle und 3 Spinnfäden Acryl. Derartige Mischungen sind sehr weich und strapazierfähig und eignen sich sowohl für Strick- als auch für Häkelarbeiten.

Stricknadeln, Wolle & Co.

Aus ihnen kann man mittelschwere Kleidungsstücke wie Pullover oder Jacken herstellen. Bei Verarbeitungsfehlern kann diese Wollmischung allerdings nicht wieder aufgetrennt werden.

Shetlandwolle ist eine Wollsorte mit langer Faser, deren Oberfläche leicht geraut und haarig ist. Sie wird von Schafen, die auf den Shetlandinseln (Großbritannien) leben, gewonnen. Die Wolle wird meistens verstrickt und eignet sich gut für schwere Pullover, Mäntel und sportliche Bergbekleidung.

Sportwolle ist weich und kompakt und kann sowohl verstrickt als auch verhäkelt werden. Sie eignet sich bestens für Übergangsbekleidung wie Westen und Pullover, aber auch für Schals und Mützen.

Wolle und Effektgarne: Hierbei werden 3 Spinnfäden Wolle mit einem Faden mit Metallschicht verzwirnt, wodurch ein glänzender Metalleffekt entsteht. Diese Mischung eignet sich zum Häkeln und Stricken von Zubehör wie Schals und Tüchern.

Mohairwolle hat nahezu die gleichen Eigenschaften wie Angorawolle, sie ist allerdings etwas langhaariger und gröber. Mohairwolle wird ausschließlich verstrickt und eignet sich für leichte Kleidungsstücke mit Lochmustern, die aber trotzdem gut wärmen sollen.

Baumwolle ist eine reine Naturfaser. Sie kann glänzend oder matt sein und ist verzwirnt und widerstandsfähig.
Sie eignet sich gleichermaßen zum Häkeln und Stricken von Kinder- und Erwachsenenkleidung.

Leinen ist ebenfalls eine reine Naturfaser: weich, strapazierfähig und angenehm frisch auf der Haut. Sie eignet sich gleichermaßen zum Häkeln und Stricken zur Herstellung von eleganten Frühlings- und Sommerkleidungsstücken.

Leinen-Baumwoll-Mischung hat die gleichen Eigenschaften wie reine Baumwolle, ist aber weicher und edler. Sie eignet sich zur Herstellung gehäkelter und gestrickter Sommerkleidung.

Seide ist ein glattes Garn, das für einen sanften Glanz meistens zusammen mit einem anderen Garn verzwirnt ist. Es eignet sich für gehäkelte und gestrickte luxuriöse Kleidungsstücke.

Bastgarn ist ein unregelmäßiges Garn mit hoher Farbbrillanz, das ausschließlich aus pflanzlichen Faserstoffen besteht. Es kann sowohl verstrickt als auch verhäkelt werden und eignet sich für Accessoires wie Taschen, Mützen, Gürtel oder Tischsets.

Acrylfasern werden aus sehr langen und äußerst widerstandsfähigen Fasern gesponnen, die sehr weich und leicht sind und nicht verfilzen. Aus ihnen können Jacken und Pullover gehäkelt und gestrickt werden.

Lamé sind feine Metallfäden, die meist golden, silbern oder bronzefarben glänzen. Aus ihnen wird elegante Abendbekleidung hergestellt sowie Einfassungen und Besätze.

Nadeln und Hilfsmittel

Ohne Stricknadeln geht gar nichts, doch daneben gibt es noch jede Menge nützliches Zubehör, damit Ihr selbst gestricktes Modell auch wirklich perfekt wird.

Kurz oder lang, gerade oder rund, mit einer oder zwei Spitzen – alle Nadeln müssen leicht und glatt sein, damit das Garn perfekt darübergleiten kann. Im Handel gibt es Stricknadeln in verschiedenen Standardstärken aus Stahl, Aluminium, Bambus, Plastik und Holz.

Beim Zubehör gibt es einiges, was Sie unbedingt brauchen, anderes können Sie je nach Strickprojekt beliebig anwenden.

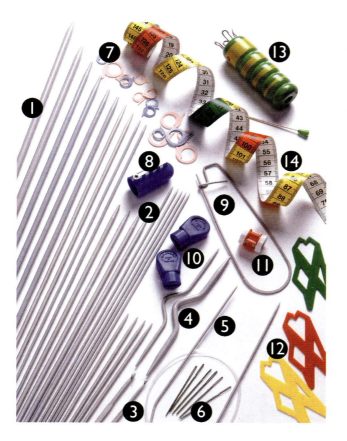

1. Normale Stricknadeln heißen auch Jackenstricknadeln und haben am oberen Ende einen Knopf, der verhindert, dass Ihre Strickarbeit von der Nadel rutscht. Sie werden für unterschiedlich dicke Garne in verschiedenen Stärken angeboten.

2. Beidseitig spitze Nadeln (besser bekannt unter Strumpfnadeln) werden meistens im Nadelspiel verkauft. Ein Nadelspiel besteht aus 5 gleichen Stricknadeln. Diese werden fast ausschließlich für das Stricken in der Runde benutzt.

3. Häkelnadeln sind sehr nützlich, wenn Sie dekorative Randabschlüsse möchten oder Fallmaschen wieder hochhäkeln wollen.

4. Zopfnadeln gelten als Hilfsnadeln, denn aufgrund ihrer speziellen Form kann man einige Maschen während des Strickens einfach „parken", damit sie nicht herausrutschen.

5. Rundstricknadeln bestehen aus 2 kurzen Stricknadeln, die durch einen Kunststofffaden

Stricknadeln, Wolle & Co.

fest miteinander verbunden sind. Mit diesen Nadeln ist es möglich, in Runden, also ohne Naht, zu stricken, z. B. auch bei Halsausschnitten ohne Nähte.

6. Stopfnadeln mit abgerundeter Spitze dienen zum Besticken und Zusammennähen der einzelnen Strickteile.

7. Maschenmarkierungsringe erweisen sich besonders dann als nützlich, wenn Zu- oder Abnahmen in bestimmten Abständen gearbeitet oder bestimmte Muster wiederholt werden müssen.

8. Ein Fingerhut dient zur Steuerung der Fäden insbesondere bei der Jacquardtechnik.

9. Maschenraffer sehen aus wie große Sicherheitsnadeln, mit denen Sie Maschengruppen stilllegen können, die z. B. für Halsausschnitte später wieder aufgenommen werden müssen.

10. Nadelschützer sind kleine Gummikäppchen. Sie schützen die Stricknadeln vor Beschädigung und verhindern auch, dass Ihnen die Maschen von der Nadel rutschen.

11. Reihenzähler sind nützlich und werden auf eine Stricknadel gesteckt.

12. Garnspulen sind praktisch, um z. B. zum Stricken von Jacquardmustern kleine Mengen Garn aufzuwickeln.

13. Eine Strickliesel eignet sich zum „Stricken" von Schnüren z. B. für Einfassungen.

14. Ein Maßband gehört ebenso zum Stricken wie die Nadeln und ist wichtig zum Maßnehmen sowie zum Abmessen der Strickarbeit.

Maschenprobe und Garnbanderolen

Bevor es mit dem Stricken losgeht, sollte eine Maschenprobe angefertigt werden, damit das Strickstück auch wirklich passt, wenn es fertig ist. Dazu stricken Sie am besten ein kleines Probestück von etwa 10 cm x 10 cm und rechnen sich dann die entsprechende Maschen- und Reihenzahl wie folgt aus.
Schlagen Sie mit angegebenem Garn und Nadelstärke eine Maschenzahl an, die laut Maschenprobe etwa 10 cm entspricht, und stricken Sie 10 cm im gewünschten Muster hoch.

Um die Maschen und Reihen abzumessen, wird die Maschenprobe flach liegend und ungedehnt auf einer Unterlage festgesteckt. Mit dem Maßband wird die Maschenzahl am festgesteckten Teil geprüft.

Innerhalb dieses Quadrates muss nun die Anzahl der Maschen in der Breite und die Anzahl der Reihen in der Höhe gezählt werden. Diese Daten können mit den Angaben in der Strickanleitung verglichen werden.

Stricknadeln, Wolle & Co.

Wenn Sie fester oder lockerer stricken, stimmt Ihre Maschenprobe nicht mit der Anleitung überein. Sie sollten dann eine andere Nadelstärke verwenden, eine dickere Nadel bei höherer, eine dünnere Nadel bei geringerer Maschenzahl. Die Veränderung um eine Nadelstärkennummer bewirkt dabei etwa einen Unterschied von einer Masche auf einem Stück von 5 cm.

Beim Kauf von Wolle oder Garn sollten Sie unbedingt auf die Hinweise auf dem Etikett der Knäuel achten. Darauf ist die Materialzusammensetzung und die Farbe vermerkt, das Gewicht in Gramm, die Lauflänge, die übrigens je nach Garn bei gleichem Gewicht sehr unterschiedlich sein kann, die empfohlene Nadelstärke und meistens finden sich auch Angaben für die Maschenprobe. Fast immer gibt es auch noch Pflegehinweise und Symbole auf der Banderole.

Bei der Angabe „Reine Schurwolle" handelt es sich um 100-prozentige Wolle. Diese Bezeichnung darf nur dann verwendet werden, wenn die Wollfasern vorher noch nie in einem Kleidungsstück verwendet wurden, wenn es sich also nicht um Recyclingwolle handelt.

Außer den grundlegenden Angaben gibt es aber noch eine ganze Reihe von Symbolen, die nicht immer einfach zu verstehen sind. Hier nachfolgend sind die gebräuchlichsten aufgelistet.

 Handwäsche oder Schonwäsche in der Maschine bei 40 °C, kurzer Waschgang und kalter Spülgang

 Chlorbleiche nicht möglich

 Nur Handwäsche mit Feinwaschmittel bei maximal 40 °C, nicht auswringen

 nicht heiß bügeln

 nicht waschen – nur Reinigung

 mäßig heiß bügeln möglich

Stricknadeln, Wolle & Co.

 heiß bügeln möglich

 nicht bügeln

 Normalreinigung mit allen Lösungsmitteln

 Normalreinigung nur mit einigen Lösungsmitteln

 keine chemische Reinigung möglich

Symbole und Abkürzungen

Mit Schemazeichnungen zum Strickmuster können Sie abgebildete Muster in beliebiger Farbfolge nach einem Schema stricken. Beim Zählmuster entspricht jedes Kästchen einer Masche und jede Reihe einer gestrickten Reihe.

Man strickt ein Muster also von unten nach oben und von rechts nach links, wobei am rechten Rand die ungeraden Reihenzahlen und links die geraden Reihenzahlen stehen. Ist das Muster asymmetrisch und nicht teilbar, werden auch die zusätzlichen Maschen angezeigt. Hier finden Sie eine Liste der in diesem Buch verwendeten Abkürzungen.

I	=	1 Masche rechts
—	=	1 Masche links
V	=	1 Masche rechts verschränkt
>	=	1 Masche links verschränkt
O	=	1 Umschlag
∞	=	1 doppelter Umschlag
Ɜ	=	1 Masche rechts abheben
C	=	1 Masche links abheben
U	=	1 tiefer gestochene Masche
⅋	=	1 Masche rechts verlängern
⅋	=	1 Masche links verlängern
×	=	1 Noppe

*	=	Wiederholungszeichen (d. h. das Muster zwischen zwei * wird fortlaufend wiederholt)
abh	=	abheben
abk	=	abketten
abn	=	abnehmen
anschl	=	anschlagen
aufn	=	aufnehmen
cm	=	Zentimeter
einf	=	einfach
getr	=	getrennt
insges	=	insgesamt
li M	=	linke Masche
li	=	links
M	=	Masche
Randm	=	Randmasche
re M	=	rechte Masche
re verschr	=	rechts verschränkt
re zus-str	=	rechts zusammenstricken
re	=	rechts
Überz	=	Überzug
überz	=	überziehen
Umschl	=	Umschlag
verkr	=	verkreuzt
zus-str	=	zusammen stricken

Stricknadeln, Wolle & Co.

Allgemeine Tipps

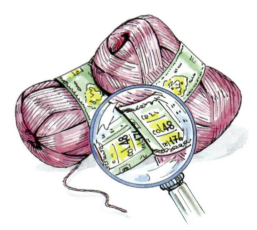

Beim Garnkauf sollten Sie immer gut überprüfen, ob das Wollknäuel auch aus demselben „Farbbad" stammt, was bedeutet, dass auf der Garnbanderole immer die gleiche Farbpartienummer steht, denn selbst kleinste Farbabweichungen sind im fertigen Strickteil deutlich zu erkennen. Kaufen Sie immer ein Knäuel mehr, als in Ihrer Strickanleitung angegeben – besser Sie haben nachher eins zu viel als eins zu wenig!

Wenn Sie aber schon Wollknäuel mit unterschiedlichen Farbpartienummern gekauft haben, nehmen Sie die Wolle mit abweichender Farbpartie für Bündchen und Verzierungen. Ansonsten machen Sie abwechselnd eine Reihe in einer Farbpartie und die nächste Reihe in der anderen Farbpartie: So bleiben die Farbunterschiede minimal.

Wenn Sie Wolle im Strang gekauft haben und niemanden haben, der Ihnen mal kurz 2 Arme „leihen" kann, stellen Sie 2 Stühle an den Rückenlehnen gegenüber, legen den Strang darüber und ziehen die Stühle dann vorsichtig auseinander. So können Sie Stränge auch allein zu Knäueln wickeln.

Wie erkennen Sie den Baumwollgehalt in einem Garn? Es reicht, wenn Sie ein kleines Stückchen verbrennen: Baumwolle brennt sofort und bildet eine weiße Flamme, wohingegen die Synthetikgarne zu einem Klumpen zusammenschrumpfen.

Stricknadeln, Wolle & Co.

Damit sich die Wolle nicht verheddert, ziehen Sie den Faden am besten aus der Mitte heraus.

Wenn sich die Wolle während des Strickens verwickelt, klemmen Sie den Faden mit einer Nadel an das Knäuel und lassen es so lange herunterhängen, bis es sich komplett entwickelt hat und Sie weiterstricken können.
Wenn Sie mit 2 Garnen stricken, müssen Sie diese vorher immer wieder glatt streichen, weil sich die Spannung des Garns ständig ändert und Sie nur auf diese Weise mit gleichbleibender Spannung stricken können.

Schmeißen Sie übrig gebliebene Wollknäuel nicht weg, sondern heben Sie diese auf. Aus ihnen lassen sich Kleinteile fertigen, z. B. für Sie selbst oder Ihre Kinder: einen Brustbeutel, einen Pompon für eine Mütze, Spielbälle für Katze oder Hund oder Geschenkband zu Weihnachten.

Damit die Motten in Ihrer Wolle kein Festessen veranstalten, legen Sie einfach eine Mottenkugel in das Wollknäuel oder den Strang.

Beim Kauf von Stricknadeln und Häkelnadeln für die Randeinfassung sollten Sie immer auf gute Qualität achten. Sie sollten leicht, flexibel und ausgewogen sein. Kaufen Sie keine Nadeln aus Plastik, weil der Faden darüber nur schlecht gleiten kann.
Wenn Sie keine Nadelschützer haben, können Sie auch den Korken aus der letzten Weinflasche auf die Spitzen stecken, damit Ihnen die Maschen nicht von den Nadeln rutschen.

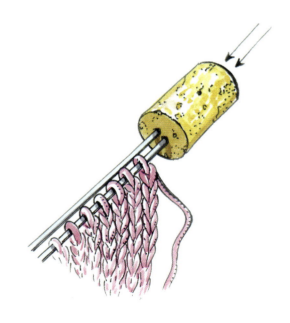

DAS ABC DES STRICKENS

Einfacher Kreuzanschlag

Dieser Anschlag ist ein einfacher Anschlag mit einer Nadel, bei der ein fester, elastischer Rand entsteht und der beinahe für jedes Strickstück geeignet ist.

1. Legen Sie sich eine Nadel bereit und messen Sie zunächst die nötige Garnmenge ab. Dann knoten Sie eine Anfangsschlinge auf der Nadel. Legen Sie den Wollfaden unter den Daumen und über den Zeigefinger der linken Hand und halten das Ende mit dem Mittelfinger fest und spannen Sie so den Faden. Lassen Sie nun das andere Fadenende außen am Zeigefinger und am linken Daumen entlang des Handtellers locker nach unten fallen.

2. Knicken Sie den linken Daumen nach unten in Richtung Stricknadel ab und formen Sie mit dem Zeigefinger eine kleine Schlinge.

3. Stecken Sie die Nadelspitze in die Schlaufe und erfassen Sie sie.

4. Legen Sie den rechten Faden über die Stricknadel und ziehen Sie die Schlinge zu, indem Sie den Faden nach links straffen, sodass die neue Masche auf der Nadel festgezogen wird. Nehmen Sie dann wieder wie zu Beginn eine neue Masche mit dem Zeigefinger auf und wiederholen Sie die Schritte.

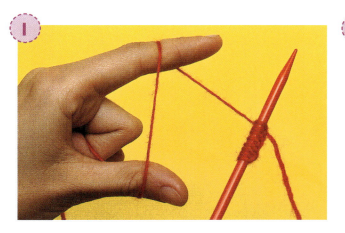
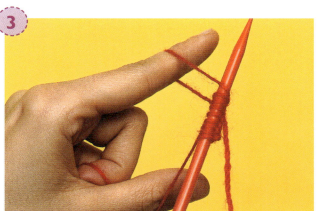

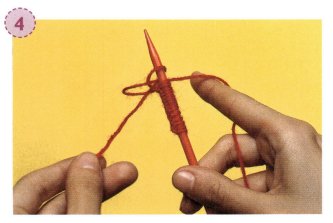

Einfacher aufgestrickter Anschlag

Wie beim Kreuzanschlag entsteht auch mit dieser Methode ein fester, elastischer Rand, der für viele Strickteile geeignet ist.

1. Formen Sie zunächst eine Anfangsschlinge auf der linken Stricknadel. Stecken Sie dann die rechte Nadel unter der linken von vorn nach hinten in die Schlinge hinein.

2. Legen Sie den Faden im Uhrzeigersinn um die rechte Nadel, als ob Sie eine glatte Rechtsmasche stricken wollten und ziehen Sie eine neue Masche heraus.

3. Stecken Sie die linke Nadel von rechts nach links in die neue Schlinge und übertragen die neue Masche von der rechten auf die linke Nadel. Wenn Sie einen weniger elastischen Rand benötigen, stechen Sie beim Abschlagen hier nicht in die Maschen ein, sondern zwischen die Maschen (Kordelanschlag).

4. Stecken Sie nun die rechte Nadel in genau diese Masche und wiederholen Sie Schritt 3. Diese Arbeitsschritte müssen Sie so lange wiederholen, bis die gewünschte Maschenzahl angeschlagen ist.

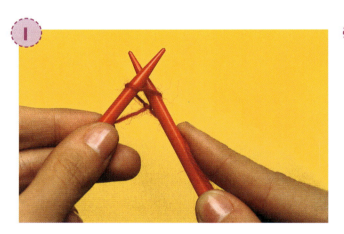

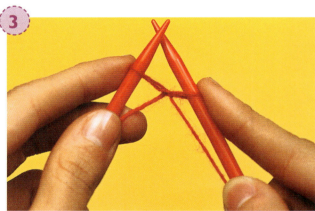

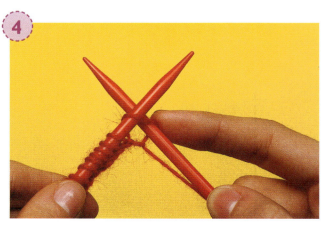

Aufgeschlungener Anschlag

Mit dieser Technik entsteht eine lockere Kante, die als Anfangskante für einige Rippenmuster geeignet ist.

1. Messen Sie ungefähr 50 cm Faden ab und formen Sie eine Schlinge auf der rechten Nadel. Mit der rechten Hand halten Sie den Faden am Wollknäuel, mit der linken das lose Fadenende.

2. Wickeln Sie nun mit der linken Hand das lose Fadenende nach rechts über die Stricknadel und dann gedreht nach links.

3. Legen Sie nun mit der rechten Hand den Faden nach links unter der Nadelspitze durch, um die 1. rechte Masche festzuziehen.

4–5. Nun wiederholen Sie Schritt 2, wobei Sie nun den Faden links halten und diesen nach rechts unter der Nadelspitze durchführen, um die 1. linke Masche festzuziehen.

Wiederholen Sie nun die Schritte 2, 3, und 4 so lange, bis die gewünschte Maschenzahl angeschlagen ist. Danach können Sie mit 2 oder 4 Nadeln rund weiterstricken.

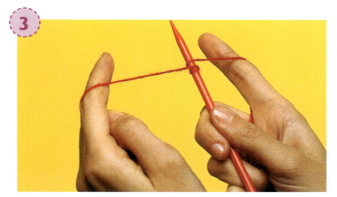

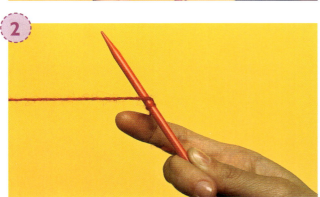

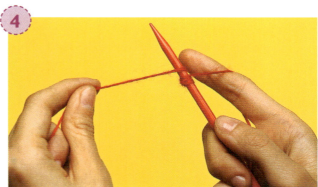

Runder Anschlag mit Kontrastgarn (Unsichtbarer Anschlag)

Dies ist eine ganz andere Methode, die Maschen anzuschlagen. Wählen Sie ein möglichst glattes Baumwollgarn, das leicht über die Nadeln gleitet.

1. Schlagen Sie die Hälfte der benötigten Maschen plus 1 Masche zusätzlich mit einem kontrastfarbenen Garn an.

2. Dann verdoppeln Sie mit Ihrem Hauptgarn die Maschenzahl, indem Sie im Wechsel eine ganze Reihe lang immer eine Masche rechts und einen Umschlag stricken. Beenden Sie die Reihe mit einer rechten Masche.

3. In der folgenden Reihe die Umschläge rechts stricken und die linken Maschen wie zum Linksstricken abheben.

4. In den folgenden Reihen werden immer die rechten Maschen rechts gestrickt und die linken Maschen wie zum Linksstricken abgehoben. Das machen Sie so lange, bis die gewünschte Reihenzahl erreicht ist.

Am Ende wird der kontrastfarbene Faden vorsichtig herausgezogen.

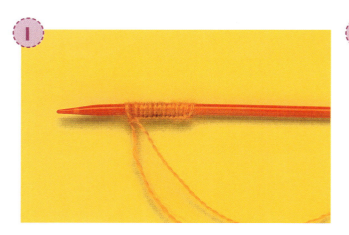

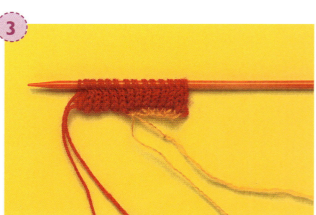

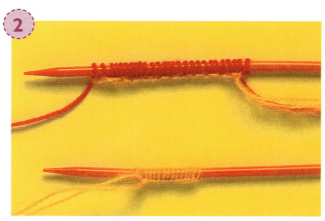

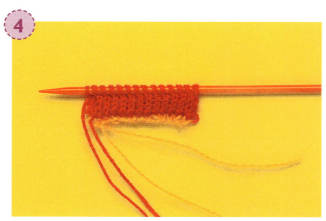

Das ABC des Strickens

Abketten

Wenn Sie mit einem Strickstück fertig sind, müssen Sie die Maschen eine nach der anderen abketten.

1. **Abketten durch Überziehen:** Stricken Sie 1 M re; *1 M re, 1. M über die 2. M ziehen* und wiederholen Sie das von * bis *.

2. **Stufenweises Abketten:** *Ketten Sie 5 Maschen durch Überziehen ab und beenden Sie die Reihen. Dann ketten Sie in der nächsten Reihe wieder 5 Maschen durch Überziehen ab. Beenden Sie auf diese Weise alle Reihen.

3. **Abketten durch Zusammenstricken:** Nehmen Sie die beiden 1. Maschen der letzten Reihe und stricken Sie diese rechts verschränkt zusammen.

4. Schieben Sie die dadurch erhaltene Masche wieder auf die linke Seite. Diese Masche und die nächste wieder rechts verschränkt zusammenstricken, bis die Reihe fertig abgekettet ist.

Unsichtbares Zusammennähen

Diese Form des Abschlusses sieht bei Schulter- und Halsabschlüssen am schönsten aus.

1. **Abnähen bei Rundgestricktem:** Stricken Sie 4 oder mehr Reihen rund hoch. Teilen Sie die Maschen gleichmäßig auf 2 Nadeln auf, wobei die äußere Nadelreihe nur rechte Maschen und die innere Nadelreihe nur linke Maschen hat. Schneiden Sie einen ausreichend langen Faden von einem Ihrer Garnknäuel ab. Fädeln Sie diesen Faden in das Nadelöhr einer Stopfnadel. Stecken Sie die Nadelspitze nun von innen nach außen in die 1. Masche der vorderen Nadelreihe; von da aus dann direkt ebenfalls von innen nach außen in die 1. Masche der hinteren Nadelreihe. Achten Sie dabei darauf, den Faden nicht zu stramm zu ziehen, damit der Rand nicht zu fest wird.
Stechen Sie dann wieder von innen nach außen in die nächste Masche der vorderen Nadelreihe.

2. Von der anderen Nadelreihe nehmen Sie die von außen nach innen bereits gestrickten Maschen wieder auf und dann die nächsten Maschen wieder von innen nach außen. Wiederholen Sie die Arbeitsschritte 1 und 2.

3. **Glattgestricktes Zusammennähen** oder auch unsichtbares Zusammennähen: Legen Sie am Ende Ihrer Strickarbeit alle Maschen still. Zum Zusammennähen stechen Sie mit der Stopfnadel von außen nach innen in die 1. Masche und dann von innen nach außen in die nächste Masche.

4. Auf der anderen Nadelreihe stechen Sie die Stopfnadel genau andersrum von außen nach innen in die 1. Masche und von innen nach außen in die nächste Masche.

Wiederholen Sie die Punkte 3 und 4 so lange, bis alle Maschen vernäht sind.

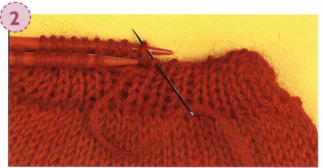

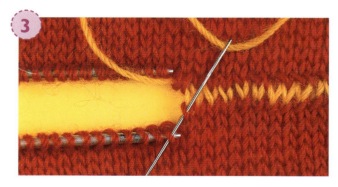

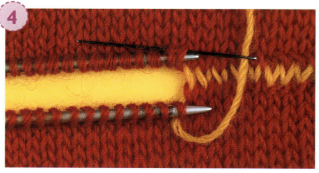

Maschen zunehmen

1. Anfangsmasche herausstricken: Schlagen Sie die Maschen so an wie beim Anschlag mit zwei Stricknadeln, indem Sie die Nadel in die letzte Masche stecken und aus dem Querfaden eine Masche herausstricken. Bevor Sie dann die gestrickte Masche auf die linke Nadel überschieben, stechen Sie noch einmal in den Maschenschenkel ein und stricken noch 1 Masche.

2. Randmasche herausstricken: Schlagen Sie die Maschen so an wie beim Anschlag mit 2 Stricknadeln. Legen Sie den Wollfaden über den Zeigefinger und den Daumen der linken Hand und drehen Sie die Hand, um eine Schlinge über dem Zeigefinger zu bilden. Stecken Sie die Nadel in diese Schlinge, ziehen Sie den Zeigefinger heraus und schließen Sie die Masche auf der Nadel. Alternativ können Sie die Masche auch zu Beginn der nächsten Reihe herausziehen.

3. Rechts verschränkte Zunahme aus dem Querfaden: mit der linken Nadelspitze von hinten nach vorn unter dem Querfaden einstechen und diese auf die rechte Nadel heben. Nun mit der rechten Nadel unter dem vorderen Maschenschenkel von links nach rechts einstechen und die neue Masche auf die rechte Nadel heben. Diese und die folgenden Maschen weiterstricken.

4. Links verschränkte Zunahme aus dem Querfaden: mit der linken Nadelspitze von vorn nach hinten den Querfaden aufnehmen. Nun den Arbeitsfaden nach vorn legen und mit der rechten Nadel von links in den hinteren Maschenschenkel einstechen und die neue Masche auf die rechte Seiten heben. Dann die folgenden Maschen weiterstricken.

Dekoratives Zunehmen

Wegen ihres dekorativen Charakters eignet sich diese Methode besonders für Strickteile für Neugeborene, Strümpfe oder kleine Mützchen. Wenn dadurch allerdings eine reine Zierblende entstehen soll, muss jede zugenommene Masche auch wieder abgenommen werden.

1.–2. Zunahme durch Umschlag: Dies ist die einfachste Methode, Maschen zuzunehmen. Hierbei entsteht ein kleines Loch im Strickstück. Legen Sie einen Umschlag über die rechte Nadelspitze und stricken Sie weiter. Bei der Rückreihe stricken Sie diesen Umschlag rechts oder links, so wie es das Muster erfordert.

3. Zunahme aus dem Querfaden: Mit der linken Nadelspitze heben Sie den Querfaden zwischen der noch zu strickenden und der zuletzt gestrickten Masche an und stricken dann erst die nächste Masche.
Die Zunahme wird erst in der Rückreihe wirksam, und das entstandene Löchlein ist kleiner als bei der Zunahme durch Umschlag. Der Querfaden kann auch glatt verschränkt gestrickt werden, d. h. von hinten eingesteckt, wodurch aber ein geringerer Dekoreffekt entsteht.

4. Maschen herausstricken: Diese Maschenzunahme ist an sich sehr unauffällig, wenn sie regelmäßig und symmetrisch erfolgt. Wenn glatte Maschen seitlich einer 2 oder 3 Maschen breiten Rippe zugenommen werden, ist dies sehr dekorativ.

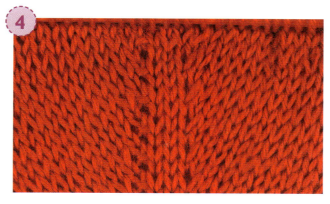

Das ABC des Strickens

Maschen abnehmen

Abnahmen wendet man an, um ein Modell herauszuformen, oder einfach als dekoratives Element.

1. Maschen rechts zusammenstricken: Heben Sie eine Masche an, stricken Sie die nachfolgende Masche glatt und ziehen Sie die abgehobene über die gestrickte Masche.

2. Maschen links zusammenstricken: Stricken Sie 2 Maschen glatt zusammen. Wenn bei jeder Reihe Maschen abgenommen werden sollen, müssen Sie in der Rückreihe 2 Maschen rechts stricken, nach links zusammenstricken und in der Vorwärtsreihe 2 linke Maschen verschränkt zusammenstricken.

3. Abnahme von 2 Maschen mit sichtbarem Mittelsteg: 2 Maschen abheben und auf der rechten Seite zusammenstricken, dann die nächste Masche stricken und die zusammengefasste Masche über die zuletzt gestrickte ziehen.

4. 2 Maschen nach links verschränkt abnehmen: 1 Masche auf der rechten Seite abheben, die beiden folgenden Maschen zusammenstricken, die abgehobene Masche über die zusammengestrickte Masche drüberziehen.

Rechts geneigte doppelte Abnahme: 3 Maschen stricken und auf der rechten Seite zusammenstricken.

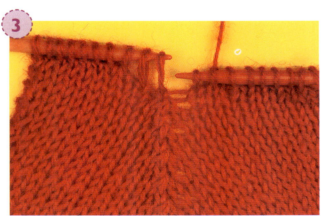

Abnäher

Abnäher müssen immer symmetrisch sein. Markieren Sie mit einem Faden in Kontrastfarbe die Anfangsmaschen in derselben Reihe und mit dem gleichen Abstand von der Mitte. Überlegen Sie gut, wo der Anfang des Abnähers sein soll, weil jeder Abnäher immer schräg von unten nach oben verläuft. Wenn Sie oben z. B. 15 Maschen abnehmen wollen, immer 3 Maschen auf einmal, müssen die Abnäher genau 10 Reihen vor dem Endpunkt beginnen.

1.–2. Senkrechte Abnäher mit Maschenabnahme: Machen Sie die Abnahmen alle 2 bis 4 Reihen immer entweder nach rechts oder nach links gerichtet. Wenn immer 2 Maschen abgenommen werden, brauchen Sie diese immer nur an der zuvor markierten Seite abzunehmen.

3. Senkrechte Abnäher mit Maschenzunahme: Wenn der Abnäher nach rechts gerichtet sein soll, müssen Sie die Masche vor der markierten Masche zunehmen; soll der Abnäher nach links gerichtet sein, nehmen Sie die Masche nach der markierten Masche zu.

4. Horizontale Abnäher: Als solche verstehen sich z. B. die seitlichen Brustabnäher: *am Ende der Reihe 3 Maschen stilllegen, in der nächsten Reihe die 1. Masche abheben*. Von * bis * vier- oder mehrmals wiederholen, dann die nachfolgende Reihe komplett stricken.

Zusammennähen

Je nach Strickart gibt es unterschiedliche Methoden, um die einzelnen Strickteile miteinander zu vernähen.

1. Flache Naht: Das Zusammennähen erfolgt senkrecht auf der Rückseite. Legen Sie die beiden Strickteile eng nebeneinander und fassen Sie die 1. beiden Maschen zusammen, indem Sie die Nadel durch die rechte Masche nach unten herausziehen und von dort die Nadel durch die linke Masche wieder nach oben herausziehen.

2. Stechen Sie dann die Nadel unter dem neu gebildeten Querfaden hindurch und dann wieder in die rechte Masche hinein nach unten.

3. Verdecktes Zusammennähen: Legen Sie die beiden Teile eng aneinander und stecken Sie die Nadel unter den Querfaden der 1. Masche oder durch die 1. Masche hindurch, wenn die Wolle dick ist, und zwar einmal durch den rechten Rand und einmal durch den linken Rand. Ziehen Sie den Faden an allen 3 Punkten stramm. Wenn die beiden Ränder die gleiche Strickabfolge (d. h. die 1. und letzte Masche sind rechts gestrickt) haben, können Sie mit der Nadel immer in die Knötchen stechen.

4. Rückstichnaht: Stecken Sie die beiden Strickteile rechts auf rechts zusammen. Stechen Sie von vorn nach hinten 1 und 2 Maschen weiter links wieder

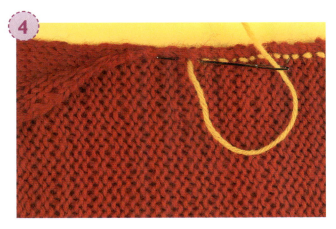

nach oben. Diese Methode eignet sich für Seiten-, Unterarm- oder Schulternähte bei netzartigen Gestricken, oder wenn Sie mit ganz dünnen Nadeln gestrickt haben.

5.–6. Maschenstich für Strickteile, die nicht abgekettet sind: Wenden Sie die Naht dort an, wo sie nicht auffallen soll, etwa an der Schulterpartie klassischer, glatt rechts gestrickter Strickteile. So erhalten Sie optisch durchgehende Teile ohne Nähte. Für die Schulternaht ziehen Sie die Endmaschen auf einen glatten, kontrastfarbenen Faden und lassen die Fadenenden lang heraushängen. Stechen Sie von hinten durch die 1. Masche an der oberen Kante und dann von hinten durch die 1. Masche an der unteren Kante wieder hinaus. Machen Sie das für die ganze Reihe.

7.–8. Maschenstich von den Nadeln: Sie können die Nähte für die Schulterpartie auch direkt von den Nadeln arbeiten. Stechen Sie jeweils wie zum Rechts- oder Linksstricken die Maschen ein und lassen die bereits verbundenen Maschen nach und nach von den Nadeln gleiten.

Wenn Sie noch stabilere Schulternähte arbeiten wollen, die nicht ausleiern, können Sie die Maschen vor dem Einstechen erst abketten. Dann stechen Sie in die direkt darüberliegende Masche und in die Masche direkt unter der Luftmasche und ziehen diese zusammen.

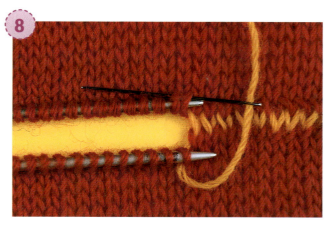

Randmaschen

Oft arbeitet man an einer Kante des Strickteils bestimmte Randmaschen. Sie erleichtern das Zusammennähen und stabilisieren die Kanten.

1. Doppelter Perlrand: in allen Hin- und Rückreihen die 1. und letzte Masche stets rechts stricken. Diese Randmasche eignet sich für Strickstücke mit einem gut sichtbaren Randabschluss, an die später kein Bündchen o. Ä. mehr angesetzt werden soll.

2. Knötchenrand: in jeder Reihe die 1. Masche rechts abheben, die 2. und die letzten beiden Maschen rechts stricken.
In der Rückreihe ebenfalls die 1. Masche abheben, ohne diese zu stricken, und sofort die nächste Masche rechts stricken, auch die beiden letzten Maschen rechts stricken.
Diese Randmasche eignet sich für Strickstücke mit einem elastischen Rand, der sich nicht aufrollt.

3. Einfacher Nahtrand: in der Hinreihe die 1. Masche rechts stricken. In der Rückreihe die 1. Masche links stricken.
Dieser feste Rand ist für alle Teile, die später zusammengenäht werden.

4. Doppelter Kettrand: in den rechten Reihen die 1. Masche rechts abheben, die 2. und vorletzte Masche links stricken, die letzte Masche rechts abheben. In den Rückreihen alle Maschen links stricken.
Wenn noch ein Bündchen angesetzt werden soll, oder als dekorative Abschlusskante, sind diese Randmaschen optimal.

Bündchen, Säume und Randabschlüsse

Eigens gestrickte Blenden verhindern, dass sich die Kanten des Strickteils aufrollen. Sie werden besonders gerne auch als Knopf(loch)leiste genutzt. Wenn Blenden direkt mit dem eigentlichen Hauptteil mitgestrickt werden sollen, beginnen Sie sofort in der Anschlagreihe, besonders beim Perlmuster und bei Schnurstrick müssen sie genauso hoch wie breit sein.

1. Rippenmuster: Für diesen Abschluss werden 1 (oder 2) Maschen glatt rechts und 1 (oder 2) Maschen glatt links gestrickt. In den darauffolgenden Reihen werden die Maschen so gestrickt, wie sie erscheinen.

2. Perlmusterrand: Für diesen Abschluss werden alle Maschen in der Hin- und Rückreihe rechts gestrickt.
Wenn die Blenden zu einem späteren Zeitpunkt angesetzt werden sollen, müssen aus den Randmaschen nachher neue Maschen aufgenommen werden. Wenn die Kante nicht gleichmäßig geworden ist, stechen Sie mit einer Strick- oder Häkelnadel in die vorletzte Maschenreihe.

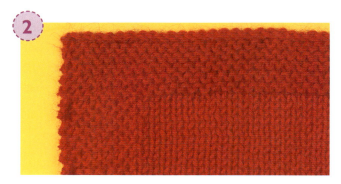

3. Mit der Häkelnadel: Legen Sie sich eine Stricknadel bereit, stechen Sie mit der Häkelnadel in die Randmasche, legen den Faden über die Häkelnadel, häkeln Sie 1 Masche heraus und legen diese über die Stricknadel.

4. Mit der Stricknadel: Stechen Sie mit der Nadel direkt in die Randmasche, legen den Faden über die Stricknadel und stricken 1 Masche heraus.

Säume

Die Ränder unten oder entlang der Vorderkante sind immer einfach, wohingegen Blenden und Säume immer doppelt gestrickt sind, d. h. sie müssen doppelt so breit gestrickt werden, wie sie nachher erscheinen, d. h. eine Breite wird umgeklappt und auf der Rückseite angenäht.

1. **Gerader Saum:** 4 cm glatt rechts stricken, dann eine Hinreihe links stricken – diese Maschen ergeben eine saubere Umbruchkante. Benutzen Sie für diesen Saumabschluss Nadeln, die eine halbe Stärke dicker sind als die, mit denen der Hauptteil gestrickt ist, wenn die Wollart Löchlein bildet oder eine halbe Nummer dünner, wenn das Muster sehr kompakt ist (Zöpfe).

2. Stricken Sie die nächsten 4 cm und klappen Sie dann den Rand an der Umbruchkante auf die linke Seite um. Nähen Sie auf der Rückseite ohne große Spannung Masche für Masche fest.
Bei schweren Teilen nähen Sie am besten ein Schrägband mit an, damit der Rand nicht ausleiert.

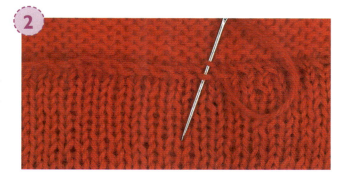

3. **Saum mit Pikotkante („Mäusezähnchen"-Kante):** Für diese dekorative Zierkante stricken Sie 2 cm oder mehr glatt rechts, dann eine Lochreihe wie folgt: 1 M re *1 Umschl. und 2 M re zus-str*. Das wiederholen Sie bis zum Ende der Reihen und stricken dann normal weiter.

4. Klappen Sie den Saum genau an der Lochreihe um und nähen den Saum Masche für Masche ohne zu große Spannung fest.

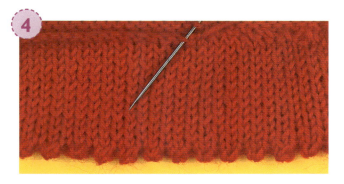

Bündchen und Blenden über Eck

Diese Randabschlüsse können entweder mitgestrickt oder zu einem späteren Zeitpunkt separat gestrickt und angesetzt werden.

1. Bündchen und Blende nach dem Briefecken-Prinzip: Nehmen Sie an den Ecken bis zur gewünschten Höhe und Blendenbreite in jeder Reihe eine Masche zu. Beenden Sie die Blende mit einer Rückreihe. Stricken Sie in dieser Reihe die erste Masche glatt links und nehmen dann in der Rückreihe wieder jeweils 1 Masche zu. Arbeiten Sie so lange, bis die Blendenbreite mit der Saumhöhe übereinstimmt.

2. Klappen Sie dann die Blende genau in der Ecke zusammen um und nähen die Schrägkanten mit einem Faden zusammen.

Gerader Ansatz: Dies ist am einfachsten. Die seitliche Maschenzahl am Hauptteil muss mit der Maschenzahl an der Unterkante übereinstimmen, damit die Blende nachher genauso breit wie hoch ist.

3. Innenecke: Nehmen Sie jeweils 2 Maschen beidseitig einer aufgenommenen Masche in der Ecke ab: Heben Sie 2 Maschen auf und stricken sie rechts zusammen, stricken Sie dann die nächste Masche rechts und ziehen die vorherige Masche darüber. Nähen Sie die Blende rückwärtig Masche für Masche fest.

4. Außenecke: Bei der Außenecke müssen die Maschen zugenommen werden. Nehmen Sie die Maschen entlang der Kanten auf und nehmen in der Ecke jeweils eine Masche mit einem Umschlag zu.

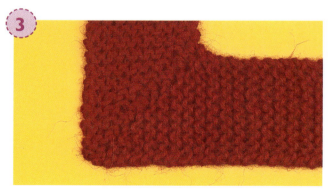

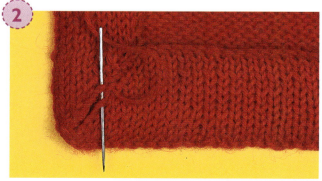

Taschen

Taschen für eine Jacke können waagerecht, senkrecht oder als dekoratives Element aufgesetzt werden.

1. Waagerechte Tasche: Stricken Sie in Taschenhöhe über eine gewünschte Breite einige Reihen in Krausrippe 1/1. Ketten Sie dann die Blendenmaschen ab. Für einen festen Rand können Sie die Maschen auch einfach überziehen.

2. Nehmen Sie auf der Rückseite, ca. 10 cm unterhalb der Kante, die Maschen für die Innentasche mit einer Häkelnadel und einem neuen Wollknäuel auf. Stricken Sie glatt bis zur Taschenoberkante hoch.

3. Nehmen Sie anstelle der Taschenblendenmaschen jetzt die Maschen der Innentasche auf die Stricknadel auf und stricken Sie das Hauptteil normal weiter.

4. Senkrechte Tasche: Machen Sie eine senkrechte Öffnung wie für die Knopflöcher (s. S. 33): Am Ende nehmen Sie die Randmaschen einer Seite auf und stricken die Taschenblende. Auf der anderen Seite stricken Sie die Innentasche.

5. Eingesetzte Tasche: Legen Sie die Maschen für die Taschenöffnung auf einem Maschenraffer still. In der Folgereihe schlagen Sie sie erneut an. Zum Schluss stricken Sie aus den stillgelegten Maschen die Taschenblende.

6.–7. Nehmen Sie die angeschlagenen Maschen auf und stricken Sie von oben nach unten eine glatte Innentasche. Oder Sie schlagen die Maschen separat an und stricken eine Innentasche in der nötigen Tiefe. Legen Sie die Maschen für die Taschenblende still und ersetzen diese durch die Maschen der Innentasche. Die Innentasche wird auf der Rückseite festgenäht.

8. Aufgesetzte Tasche: Hierbei wird die Tasche zunächst einzeln gestrickt und anschließend versteckt mit kleinen Stichen festgenäht.

Schräge Tasche: Stricken Sie das Vorderteil bis zur gewünschten Höhe der Taschenunterkante. Dann legen Sie die Maschen beidseitig der Tasche still und nehmen alle 2 Reihen jeweils eine Masche ab. So erhalten Sie den schrägen Einstieg der Tasche.

Schlagen Sie nun zu den stillgelegten Maschen noch genauso viele Maschen an, wie Sie vorher für die Innentasche abgenommen haben. Sobald Sie die Taschenoberkante erreicht haben, legen Sie die beiden Nadeln mit den vorher stillgelegten Nadeln und der Nadel mit der Innentasche hintereinander. Stricken Sie jetzt abwechselnd eine Masche von der vorderen Nadel mit einer Masche von der hinteren Nadel zusammen. Als vorletzten Schritt den Innenteil auf der Rückseite festnähen. Zum Schluss nehmen Sie die Randmaschen auf und stricken das Taschenbündchen.

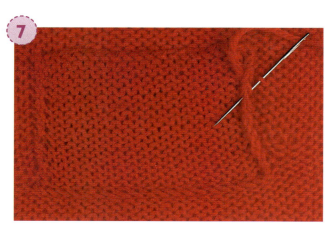

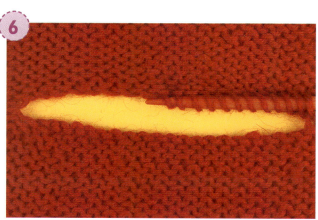

Knopflöcher

Stricken Sie immer erst die Seite ohne Knopflöcher, um später die genaue Position bestimmen zu können. Markieren Sie jedes Knopfloch, damit die Abstände dazwischen auch gleichmäßig werden.

1. Waagerechtes Knopfloch: Stricken Sie bis zur Position für das Knopfloch und ketten Sie genauso viele Maschen ab, wie Sie für Ihre Knöpfe brauchen. Bei der nächsten Reihe nehmen Sie die Maschen wieder auf und stricken normal weiter. Bei sehr kleinen Knöpfen reichen meistens 2 Maschen zusammen mit einem Umschlag.

2. Senkrechtes Knopfloch: Bis zur Position für den Schlitz stricken. Das Strickteil wenden und eine gerade Reihenzahl bis zur gewünschten Knopflochhöhe über die 1. Maschen stricken. Legen Sie die Maschen still.

3. Mit einem 2. Knäuel dieselbe gerade Reihenzahl auf der anderen Seite hochstricken. Die Reihen mit dem ersten Knäuel zu Ende stricken und dann die Arbeit fortsetzen.

4. Wenn die Strickarbeit fertig ist, besonders bei schweren Strickteilen, müssen Sie die Knopflochränder verstärken; dazu nähen Sie mit einem Langettenstich (Schlingstich) an den Rändern wie folgt entlang: direkt an der Saumkante ausstechen und den Faden mit einem kleinen Rückstich in die Kante sichern. Bei ganz leichten Strickteilen müssen die Knopflochränder nicht immer verstärkt werden.

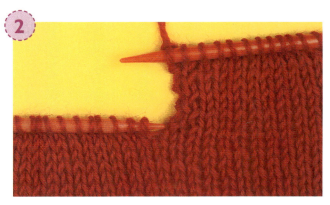

Flickarbeit

1. Mit senkrechten Schussfäden: Bei einem Loch müssen die Maschen am oberen und unteren Ende rechteckig freigelegt werden. Es ist ratsam, über einem Stopfei zu arbeiten, damit sich die Spannfäden nicht zusammenziehen.
Zunächst benutzt man einen etwas dünneren Faden in der gleichen Farbe als Spannfaden und nimmt mit ihm die Maschen auf.

2. Dann mit einem Faden in der richtigen Stärke die Maschen nacharbeiten. Man sticht von hinten nach vorn durch eine Masche, umfasst 2 Spannfäden, führt sie in die Masche zurück und nimmt die nächste Masche auf. So Reihe für Reihe arbeiten, bis der Schaden behoben ist.

3. Mit waagerechten Schussfäden: Bei einem Loch müssen die Maschen an allen 4 Rändern rechteckig freigelegt werden. Zunächst benutzt man einen etwas dünneren Faden in der gleichen Farbe als Spannfaden von links nach rechts und nimmt mit ihm pro Reihe die Maschen auf.

4. Dann mit einem Faden in der richtigen Stärke die Maschen nacharbeiten. Hierbei mit der untersten rechten Masche beginnen und sich im Schlingstich nach oben vorarbeiten, wobei bei jeder Schlinge eine halbe Masche gebildet wird. Diese Methode ist einfach, aber nicht so sorgfältig wie die 1.

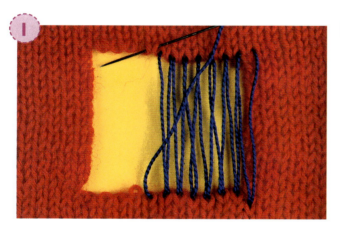

Das ABC des Strickens

Nützliche Tipps

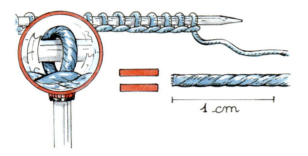

Wie viel Faden braucht man, um Maschen aufzunehmen?
Pro Masche sollten Sie ca. 1 cm Faden berechnen. Geben Sie dann noch einige Zentimeter zusätzlich zu, denn auch hier gilt: besser zu viel als zu wenig.

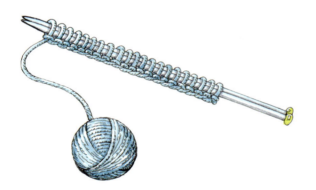

Wie viel Faden braucht man, um Maschen abzuketten?
Wenn Ihr Strickteil fertig und nur noch wenig Garn übrig ist, brauchen Sie dreimal so viel Garn wie die Breite Ihres Strickteils, damit Sie alle Maschen noch abketten können.
Die 1. Reihe eines Strickteils ist immer etwas mühselig, weil die Maschen meistens zu fest sind. Was tun?
Nehmen Sie beim Anschlagen 2 Stricknadeln nebeneinander und ziehen nach dem Aufnehmen einfach eine Nadel wieder heraus. Die verbliebenen Maschen liegen locker auf der einen Nadel und können einfach weitergestrickt werden. Eine andere Methode ist der Maschenanschlag mit einer Häkelnadel.

Wenn Sie die Strickarbeit unterbrechen müssen, tun Sie das nie in der Mitte einer Reihe, sondern immer am Ende; wenn Sie Ihre Strickarbeit mehrere Tage unterbrechen müssen, ribbeln Sie einfach die letzten paar Reihen wieder auf und stricken dann weiter. Man wird die Unterbrechung nicht sehen.

Wenn das Wollknäuel zu Ende ist, setzen Sie einen neuen Faden immer zu Beginn einer neuen Reihe an. Vernähen Sie am Ende die herunterhängenden Fäden an der Kante.

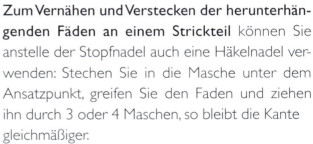

Zum Vernähen und Verstecken der herunterhängenden Fäden an einem Strickteil können Sie anstelle der Stopfnadel auch eine Häkelnadel verwenden: Stechen Sie in die Masche unter dem Ansatzpunkt, greifen Sie den Faden und ziehen ihn durch 3 oder 4 Maschen, so bleibt die Kante gleichmäßiger.

Wenn Sie 2 Teilstücke stricken wollen, die absolut gleich und symmetrisch sein sollen, schlagen Sie die Maschen für beide Teile unabhängig voneinander mit 2 Wollknäueln

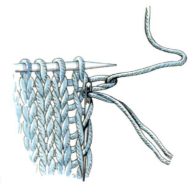

auf einer einzigen Stricknadel auf. So können Sie immer in der gleichen Reihe Maschen auf- oder zunehmen, und die Strickteile sind identisch. Das empfiehlt sich z. B. bei den Ärmeln oder bei 2 Hälften eines Vorderteils (gegengleich).

Nicht immer gelingt die richtige Schrägung, wenn Sie Maschen zu- oder abnehmen. Was tun? Hier gibt es einige nützliche Tipps: Nehmen Sie schon zu Beginn einen deutlich längeren Faden und machen Sie nach jeder Zu- oder Abnahme einen Knoten. Diese Knoten können Sie auch mit einem separaten Baumwollfaden in Kontrastfarbe an den jeweiligen Stellen anbringen. Am Ende müssen Sie die Knoten nur noch entfernen.

Strickmuster

Rechte Maschen

1. Faden hinter der Arbeit halten, die 2. Nadel in die rechte Hand nehmen und von links nach rechts in die 1. Masche der linken Nadel einstechen. Mit dem rechten Zeigefinger den Faden von unten nach oben über die rechte Nadelspitze legen.

2. Den Faden nach vorn durchziehen und die Masche von der linken Nadel gleiten lassen, sodass die neue Masche auf der rechten Nadel liegt. Diese beiden Bewegungen immer wiederholen.

Symbol: |

Linke Maschen

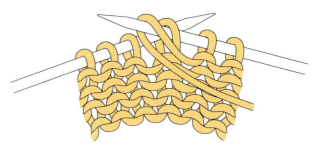

1. Den Faden vor der Arbeit halten, die 2. Nadel in die rechte Hand nehmen und von rechts nach links in die 1. Masche einstechen. Mit dem rechten Zeigefinger den Faden von vorn nach hinten führen und um die rechte Nadelspitze schlingen.

Das ABC des Strickens

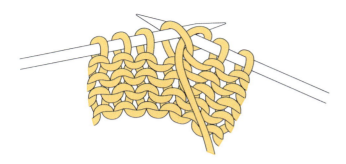

2. Den Faden als Schlinge durch die Masche nach hinten durchziehen und die Masche von der linken Nadel heruntergleiten lassen. Diese beiden Bewegungen immer wiederholen.

Symbol: —

Glatt stricken

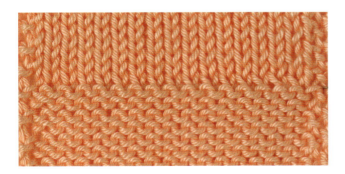

Glatt rechts:
Hinreihe: Alle Maschen rechts stricken.
Rückreihe: Alle Maschen links stricken.

Glatt links:
Hinreihe: Alle Maschen links stricken.
Rückreihe: Alle Maschen rechts stricken.

Die Folge immer wiederholen.

Kraus stricken

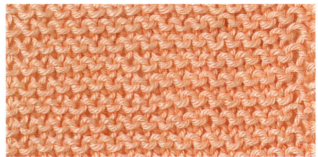

Kraus rechts:
Hinreihe: Alle Maschen rechts stricken.
Rückreihe: Alle Maschen rechts stricken.

Kraus links:
Hinreihe: Alle Maschen links stricken.
Rückreihe: Alle Maschen links stricken.

Querrippen

Immer in bestimmten Abständen.
1., 3. + 5. Reihe: rechte Maschen.
2. + 4. Reihe: linke Maschen.
7. Reihe = 1. Reihe.

Rollenmuster

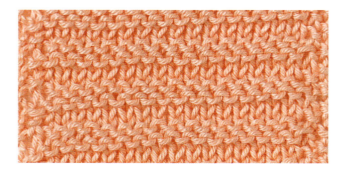

Immer in bestimmten Abständen.
1. Reihe: rechte Maschen.
2. + 3. Reihe: linke Maschen.
4. Reihe: rechte Maschen.
5. Reihe = 1. Reihe.

Kleines Perlmuster

Hinreihe: 1 M re und 1 M li im Wechsel.
Rückreihe: 1 M li und 1 M re im Wechsel versetzt über der 1. Reihe. Die Folge immer wiederholen.

Großes Perlmuster

1. Reihe: 1 M re und 1 M li im Wechsel.
2. Reihe und alle geraden Reihen: Die Maschen so stricken, wie sie erscheinen.
3. Reihe: 1 M li und 1 M re im Wechsel versetzt über der 1. Reihe.

5. Reihe = 1. Reihe.
Also eigentlich wie beim kleinen Perlmuster, aber nach jeder 2. Reihe versetzt arbeiten.

Versetztes Perlmuster

Für dieses Muster brauchen Sie eine gerade Maschenzahl. Es werden je 2 Maschen re und li im Wechsel gestrickt und nach jeder 2. Reihe versetzt gearbeitet.
1. Reihe: 2 M re und 2 M li im Wechsel.
2. Reihe und alle geraden Reihen: Die Maschen so stricken, wie sie erscheinen.
3. Reihe: 2 M li und 2 M re im Wechsel versetzt.

Schachbrettmuster

Für dieses Muster brauchen Sie eine Maschenzahl, die sich durch 4 teilen lässt.
1. + 3. Reihe: 4 M re und 4 M li im Wechsel.
2. Reihe und alle geraden Reihen: Die Maschen so stricken, wie sie erscheinen.

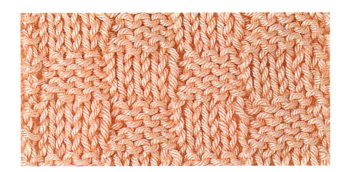

5. + 7. Reihe: 4 M li und 4 M re im Wechsel.
9. Reihe = 1. Reihe

Zickzackmuster

Die Maschenzahl muss durch 8 teilbar sein. Dazu kommt 1 Randmasche.
In allen geraden Reihen, die Maschen so stricken, wie sie erscheinen.
Nach jeder 16. Reihe wieder bei der 1. Reihe beginnen.

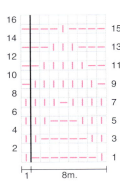

| = 1 M re
— = 1 M li

Rhombenmuster

Die Maschenzahl muss durch 12 teilbar sein plus 1 Randmasche, damit der Musterrapport aufgeht. Nach jeder 12. Reihe wieder bei der 1. Reihe beginnen. Die umrandeten Kästchen entsprechen den Strukturmaschen.

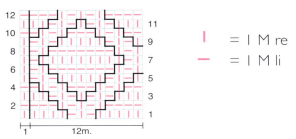

| = 1 M re
— = 1 M li

Einfaches Fischgrätmuster

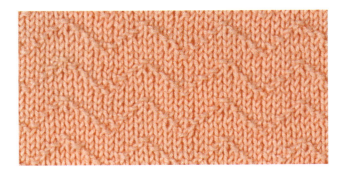

Die Maschenzahl muss durch 8 teilbar sein.
Nach der 12. Reihe beginnen Sie wieder wie bei jeder 1. Reihe. Die umrandeten Kästchen entsprechen den Strukturmaschen.

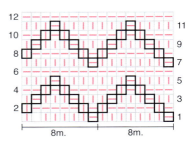
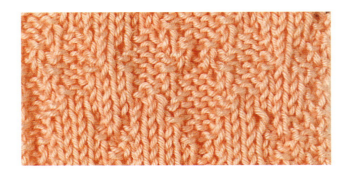

Karos übereinander

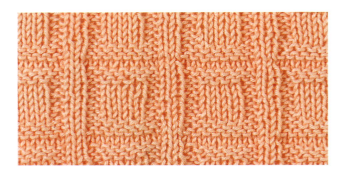

Die Maschenzahl muss durch 10 teilbar sein.
In allen geraden Reihen die Maschen so stricken, wie sie erscheinen.
Nach jeder 12. Reihe wieder bei der 1. Reihe beginnen.

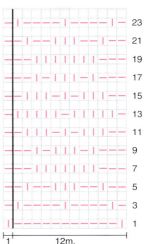

Falscher Zopf

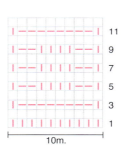

Rhomben und Rauten

Die Maschenzahl muss durch 12 teilbar sein plus 1 Randmasche, damit der Musterrapport aufgeht.
In allen geraden Reihen die Maschen so stricken, wie sie erscheinen.
Nach jeder 24. Reihe wieder bei der 1. Reihe beginnen.

Die Maschenzahl muss durch 21 teilbar sein. Dem Strickmuster für die Verteilung der einzelnen Maschen folgen.
In allen geraden Reihen die Maschen so stricken, wie sie erscheinen.
Nach jeder 22. Reihe wieder bei der 1. Reihe beginnen.

Das ABC des Strickens

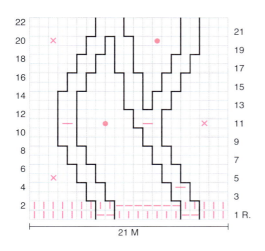

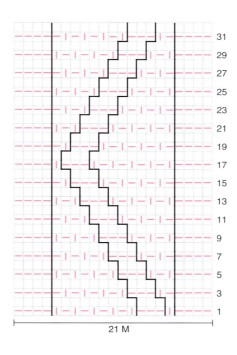

| = 1 M re
— = 1 M li
× = kraus gestrickt
● = glatt rechts
— = glatt links

| = 1 M re
— = 1 M li

Wellenweg

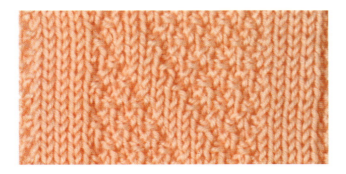

Das Muster läuft über 21 Maschen.
In allen geraden Reihen die Maschen so stricken, wie sie erscheinen.
Nach jeder 32. Reihe wieder bei der 1. Reihe beginnen.

Gezupfte Schnur

Das Muster läuft über 8 Maschen plus 9 seitliche Maschen und jeweils 1 Randmasche.
Dem Strickmuster für die Verteilung der einzelnen Maschen folgen.
In allen geraden Reihen die Maschen so stricken, wie sie erscheinen.
Nach jeder 16. Reihe wieder bei der 1. Reihe beginnen.

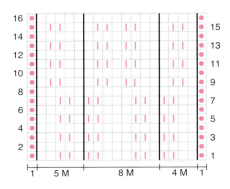

- ● = 1 Randm
- I = 1 M re

Nach jeder 22. Reihe wieder bei der 1. Reihe beginnen.

- I = 1 M re
- — = 1 M li
- ● = 1 M glatt re
- — = 1 M glatt li

Mosaik

Ein Mosaikquadrat erstreckt sich über 20 Maschen glatt rechts und glatt links wie im Strickmuster angegeben.

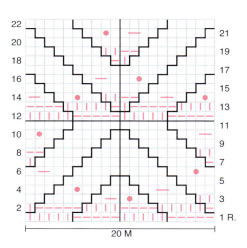

Rauten

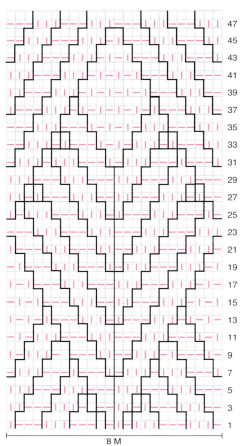

Das ABC des Strickens

Die Maschenzahl muss durch 24 teilbar sein. Ein Musterrapport läuft über 24 Reihen.
In allen geraden Reihen die Maschen so stricken, wie sie erscheinen.
Nach jeder 48. Reihe wieder bei der 1. Reihe beginnen.

| = 1 M re
– = 1 M li

Rhomben und Effektstreifen

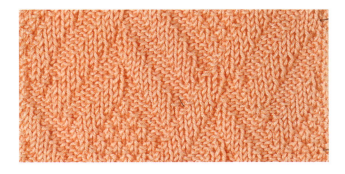

Die Maschenzahl muss durch 36 teilbar sein. Dem Strickmuster für die Verteilung der einzelnen Maschen folgen.
In allen geraden Reihen die Maschen so stricken, wie sie erscheinen.

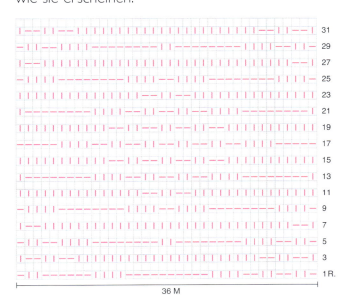

36 M

Nach jeder 32. Reihe wieder bei der 1. Reihe beginnen.

| = 1 M re
– = 1 M li

Geometrisches Muster

Die Maschenzahl muss durch 24 teilbar sein; ein Musterrapport läuft über 24 Reihen.

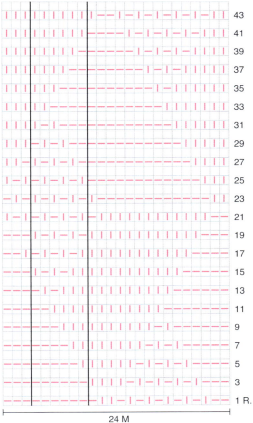

24 M

In allen geraden Reihen die Maschen so stricken, wie sie erscheinen.

Nach jeder 44. Reihe wieder bei der 1. Reihe beginnen.

| = 1 M re
— = 1 M li

Rechts verschränkte Maschen

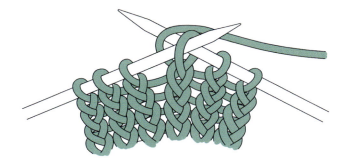

Die rechte Nadel von rechts nach links in die Schlinge einstechen und den Faden gegen den Uhrzeigersinn durch die Masche auf die Nadel ziehen.

Symbol:

Links verschränkte Maschen

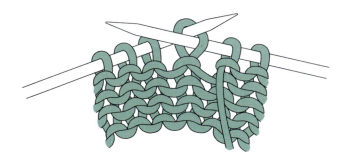

Bei der verschränkten linken Masche wird mit der Nadel nicht in den vorderen, sondern in den hinteren Maschenteil gestochen. Dann wird der Faden geholt und durchgezogen.

Symbol:

Tiefer gestochene Masche

Die Masche auf der linken Nadel rechts stricken, dazu aber mit der Nadel in die entsprechende Masche in der vorletzten Reihe stechen.

Symbol:

Abgehobene Masche

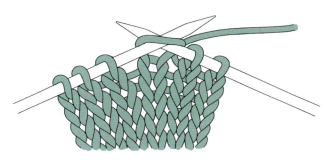

Den Faden hinter der Nadel lassen (oder vor der Nadel), und die Masche auf der linken Nadel so nehmen, als ob sie rechts gestrickt werden sollte (oder links) und auf die rechte Nadel herübergleiten lassen, ohne sie zu stricken.

Symbole:

 Faden hinter der Nadel

 Faden vor der Nadel

Rippenmuster

Ganze Rippen

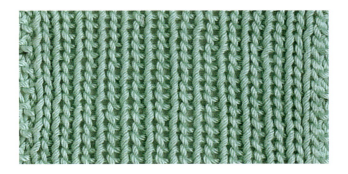

Die Maschenzahl muss durch 2 teilbar sein.
1. **Reihe:** 1 M re, 1 M li.
2. **Reihe:** Die Maschen so stricken, wie sie erscheinen.
Diese beiden Reihenfolgen immer wiederholen.

Furchen

Die Maschenzahl muss durch 3 teilbar sein.
1. **Reihe:** 2 M re, 1 M li.
2. **und alle nachfolgenden Reihen:** Die Maschen immer wie in der 1. Reihe stricken.

Ganze verschränkte Rippen

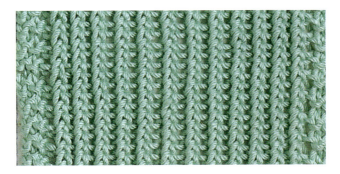

Die Maschenzahl muss durch 2 teilbar sein.
1. **Reihe:** 1 M re verschr., 1 M li.
2. **Reihe:** 1 M re, 1 M li verschr.
Diese beiden Reihenfolgen immer wiederholen.

Verschränkte abgehobene Rippen

Die Maschenzahl muss durch 10 teilbar sein, plus 1 Randmasche.
1. **Reihe:** 1 M re, 4 M li; mit 1 rechten M beenden.
2. **+ 4. Reihe:** 1 M li, *4 M re, 1 M li verschr. abh (= 1 M. abh, nach li verdrehen im hinteren Faden einstechen), 4 M re, 1 M li*.
3. **Reihe:** 1 M re, 4 M li, 1 M re abh (= 1 M abh, nach re verdrehen)*, mit 1 M re beenden.
5. **Reihe** = 1. Reihe.

Englische Rippen

Die Maschenzahl muss durch 2 teilbar sein.
1. Reihe: alle Maschen re.
2. und alle nachfolgenden Reihen: *1 M re, 1 tiefer gestochene Masche*, mit 2 M re enden.

Doppelte Rippen

Die Maschenzahl muss durch 2 teilbar sein.
1. Reihe: *2 M re, 2 M li*.
2. und alle nachfolgenden Reihen: Die Maschen so stricken, wie sie erscheinen.

Falsche Englische Rippen

Die Maschenzahl muss durch 4 teilbar sein, plus 1 Randmasche.
1. Reihe: 1 M li; 3 M re*; mit 1 M li enden.
2. Reihe: 1 M re, *1 M re, 1 M li, 2 M re*.
Diese beiden Reihen immer wiederholen.

Diagonale Rippen

Die Maschenzahl muss durch 2 teilbar sein.
1. Reihe: *2 M re, 2 M li*.
2. und alle geraden Reihen: Die Maschen so stricken, wie sie erscheinen.
3. Reihe: *1 M re, 2 M li, 1 M re*.
5. Reihe: *2 M li, 2 M re*.
7. Reihe: *1 M li, 2 M re, 1 M li*.
9. Reihe = 1. Reihe.

Wellenmuster

Die Maschenzahl muss durch 18 teilbar sein. Dem Strickmuster für die Verteilung der einzelnen Maschen folgen.
Nach jeder 18. Reihe wieder bei der 1. Reihe beginnen.

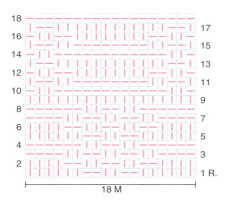

| = 1 M re
– = 1 M li

Kästchenmuster

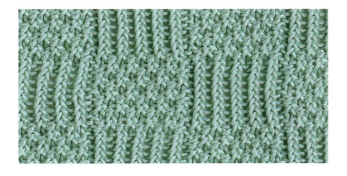

Die Maschenzahl muss durch 20 (oder 10) teilbar sein, damit der Musterrapport aufgeht.
Dem Strickmuster für die Verteilung der einzelnen Maschen folgen.
In allen geraden Reihen die Maschen so stricken, wie sie erscheinen. Die Umschläge links verschränkt stricken.
Nach jeder 20. Reihe wieder bei der 1. Reihe beginnen.

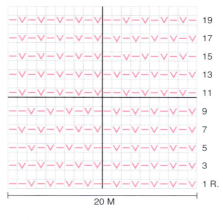

V = 1 M re verschr
– = 1 M li

Schräge Treppen

Die Maschenzahl muss durch 20 teilbar sein. Dem Strickmuster für die Verteilung der einzelnen Maschen folgen.
Nach jeder 21. Reihe wieder bei der 2. Reihe beginnen.

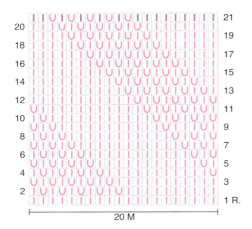

I = 1 M re
U = 1 tiefer gestochene Masche

Querrippen

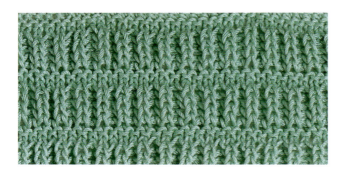

Die Maschenzahl muss durch 2 teilbar sein, damit der Musterrapport aufgeht.
Dem Strickmuster für die Verteilung der einzelnen Maschen folgen.
Nach jeder 12. Reihe wieder bei der 1. Reihe beginnen.

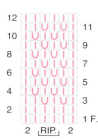

U = 1 M re
I = 1 tiefer gestochene Masche

Unterbrochene Rippen

Die Maschenzahl muss durch 10 teilbar sein. Dem Strickmuster für die Verteilung der einzelnen Maschen folgen.
Nach jeder 19. Reihe wieder bei der 1. Reihe beginnen.
Die schwarzen Linien zeigen das Motiv.

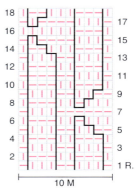

I = 1 M re
— = 1 M li

Versetzte Ketten

Die Maschenzahl muss durch 18 (oder 9) teilbar sein.

Dem Strickmuster für die Verteilung der einzelnen Maschen folgen.

In den geraden Reihen die linken Maschen rechts stricken und die rechten Maschen nur abheben.

Nach jeder 24. Reihe wieder bei der 1. Reihe beginnen.

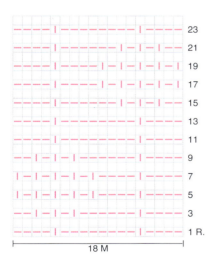

I = 1 M re
— = 1 M li

Rippen und Quadrate

Die Maschenzahl muss durch 11 teilbar sein. Dem Strickmuster für die Verteilung der einzelnen Maschen folgen.

Nach jeder 13. Reihe wieder bei der 2. Reihe beginnen.

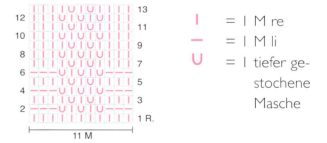

I = 1 M re
— = 1 M li
U = 1 tiefer gestochene Masche

Rippen und Krausstrick

Die Maschenzahl muss durch 12 teilbar sein, plus 7 Maschen für den Musterrapport.

Dem Strickmuster für die Verteilung der einzelnen Maschen folgen.

Nach jeder 34. Reihe wieder bei der 2. Reihe beginnen.

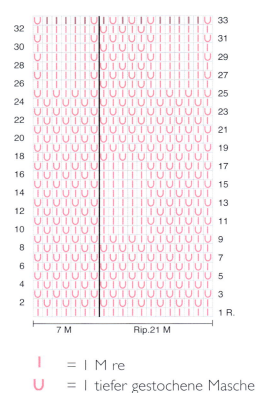

I = 1 M re
U = 1 tiefer gestochene Masche

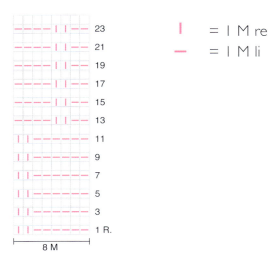

I = 1 M re
− = 1 M li

Diagonale Stäbchen

Die Maschenzahl muss durch 20 (oder 10) teilbar sein, plus 1 Randmasche. Dem Strickmuster für die Verteilung der einzelnen Maschen folgen.
In allen geraden Reihen die Maschen so stricken, wie sie erscheinen. Die tiefer gestochene Maschen links stricken.
Nach jeder 32. Reihe wieder bei der 2. Reihe beginnen.

− = 1 M re
U = 1 tiefer gestochene Masche

Versetzte Rippen

Die Maschenzahl muss durch 8 teilbar sein. Dem Strickmuster für die Verteilung der einzelnen Maschen folgen.
In den geraden Reihen die Maschen links stricken.
Nach jeder 24. Reihe wieder bei der 1. Reihe beginnen.

Das ABC des Strickens

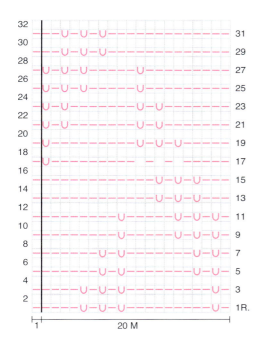

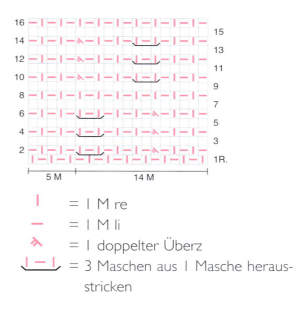

| | = 1 M re
— = 1 M li
⋏ = 1 doppelter Überz
⌐I—I⌐ = 3 Maschen aus 1 Masche herausstricken

Gewellte Rippen

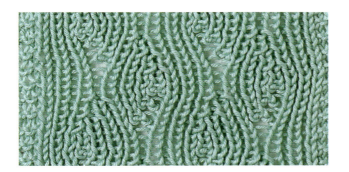

Die Maschenzahl muss durch 14 plus 5 teilbar sein. Dem Strickmuster für die Verteilung der einzelnen Maschen folgen.
In allen geraden Reihen die Maschen so stricken, wie sie erscheinen.
Nach jeder 16. Reihe wieder bei der 1. Reihe beginnen.
Für die jeweils unterstrichenen 3 Maschen gilt: aus jeweils 1 Masche 3 Maschen wie folgt herausstricken (1 M re, 1 M. li und 1 M re).

Zickzackspur

Die Maschenzahl muss durch 16 teilbar sein, plus 2 Randmaschen je nach Musterverteilung.
Nach jeder 8. Reihe wieder bei der 1. Reihe beginnen.

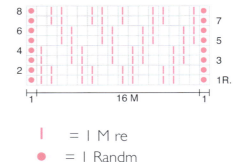

| = 1 M re
● = 1 Randm

Ajourmuster

Umschlag

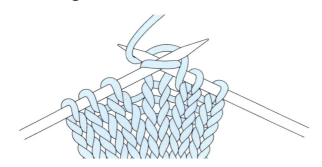

Den Faden zum Links- oder Rechtsstricken nach vorn oder hinten legen. Vor dem Stricken den Faden für einen Umschlag einmal um die rechte Nadel schlingen und normal weiterstricken.
In der folgenden Rückreihe die Schlinge wie eine normale Masche abstricken.

Symbol:

Einfacher Überzug

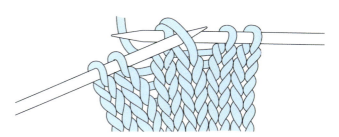

Lassen Sie den Faden hinter der Strickarbeit und heben Sie die rechte Masche wie zum Rechtsstricken ab. Stricken Sie die folgende Masche rechts und heben Sie die abgehobene Masche über die gestrickte.

Symbol:

Zwei Maschen rechts zusammenstricken

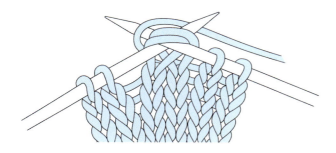

Stechen Sie mit der rechten Nadel von links nach rechts in die vorderen beiden Maschen auf der linken Nadel ein. Ziehen Sie den Faden wie zum Rechtsstricken nach vorn durch und lassen Sie beide Maschen von der Nadel gleiten.

Symbole: von rechts von links

Doppelter Überzug

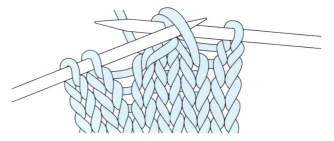

Lassen Sie den Faden hinter der Strickarbeit und heben Sie die rechte Masche wie zum Rechtsstricken ab. Stricken Sie die folgenden beiden Masche rechts zusammen und heben Sie die abgehobene Masche über die beiden gestrickten.

Symbol:

Lochmuster gestreut

Die Maschenzahl muss durch 4 teilbar sein.
1. + 3. Reihe: Alle Maschen rechts stricken.
2. + alle geraden Reihen: Alle Maschen links stricken.
3. Reihe: *2 M re zus-str, 1 Umschl, 2 M re*.
7. Reihe: *2 M re, 2 M re zus-str, 1 Umschl*.
9. Reihe = 1. Reihe.

Vertikale Lochstreifen

Die Maschenzahl muss durch 10 teilbar sein.
1. Reihe: *4 M re, 2 M re zus-str., 1 Umschl, 4 M re*.
2. + 4. Reihe: Alle Maschen links stricken.
3. Reihe: *2 M re, 1 Umschl, 1 einf. Überz, 4 M re*.
5. Reihe = 1. Reihe.

Horizontale Lochstreifen

Die Maschenzahl muss durch 2 teilbar sein.
1., 3. + 5. Reihe: Alle Maschen rechts stricken.
2. + alle geraden Reihen: Alle Maschen links stricken.
7. Reihe: *2 M re zus-str, 1 Umschl*.
9. Reihe = 1. Reihe.

Gelochte Säulen

Die Maschenzahl muss durch 9 teilbar sein.
1. + 3. Reihe: Alle Maschen rechts stricken.
2., 4. + 6. Reihe: Alle Maschen links stricken.
5. Reihe: *3 M re, 1 Umschl, 1 doppelter Überz, 1 Umschl, 3 M re*.
7. Reihe = 1. Reihe.

Ajourmuster: rechte Rippen

Die Maschenzahl muss durch 6 teilbar sein, plus 2 Maschen.
1. Reihe: *2 M re, 2 M li, 1 Umschl, 1 einf. Überz, 1 M li*, 2 M re.
2. + 4. Reihe: Die Maschen so stricken, wie sie erscheinen.
3. Reihe: *2 M re, 1 M li, 2 M re zus-str, 1 Umschl, 1 M li*, 2 M re.
5. Reihe = 1. Reihe.

Ajourmuster: linke Rippen

Die Maschenzahl muss durch 5 teilbar sein, plus 2 Maschen.
1. Reihe: *2 M li, 2 M re zus-str, 1 Umschl, 1 M re*, 2 M li.
2. + 4. Reihe: 2 M li, * 3 M re, 2 M li*.
3. Reihe: *2 M li, 1 M re, 1 Umschl, 1 einf Überz*, 2 M li.
5. Reihe = 1. Reihe.

Ajourmuster: Linksdiagonale

Die Maschenzahl muss durch 5 teilbar sein, plus 2 Maschen.
1. Reihe: 1 Umschl, *1 einf Überz, 3 M re, 1 Umschl*, 1 einf Überz.
2. + alle geraden Reihen: Alle Maschen links stricken.
3. Reihe: 1 M re, *1 Umschl, 1 einf Überz, 3 M re*, 1 M re.
5. Reihe: 1 M re, *1 M re, 1 Umschl, 1 einf Überz, 2 M re*, 1 M re.
7. Reihe: 1 M re, *2 M re, 1 Umschl, 1 einf Überz., 1 M re*, 1 M re.
9. Reihe: 1 M re, *8 M re, 1 Umschl, 1 einf Überz*, 1 M re.
11. Reihe = 1. Reihe.

Ajourmuster: Rechtsdiagonale

Die Maschenzahl muss durch 5 teilbar sein, plus 2 Maschen.

Das ABC des Strickens

1. Reihe: 2 M re zus-str, *1 Umschl, 3 M re, 2 M re zus-str*, 1 Umschl.
2. + alle geraden Reihen: Alle Maschen links stricken.
3. Reihe: 1 M re, *3 M re, 2 M re zus-str, 1 Umschl*, 1 M re.
5. Reihe: 1 M re, *2 M re, 2 M re zus-str, 1 Umschl*, 1 M re.
7. Reihe: 1 M re, *1 M re, 2 M re zus-str, 1 Umschl, 2 M re*, 1 M re.
9. Reihe: 1 M re, *2 M re zus-str, 1 Umschl, 3 M re*, 1 M re.
11. Reihe = 1. Reihe.

Glöckchen

Die Maschenzahl muss durch 8 teilbar sein, plus 5 zusätzliche Maschen nach Strickmuster.
In allen geraden Reihen die Maschen so stricken, wie sie erscheinen. Die Umschläge links verschränkt stricken.
Nach jeder 12. Reihe wieder bei der 1. Reihe beginnen.

Rechtecke

Die Maschenzahl muss durch 12 teilbar sein, damit der Musterrapport aufgeht.
Dem Strickmuster für die Verteilung der einzelnen Maschen folgen.
In allen geraden Reihen die Maschen links stricken.
Nach jeder 20. Reihe wieder bei der 1. Reihe beginnen.

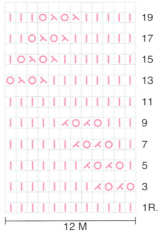

	= 1 M re
O	= 1 Umschl
⋋	= 1 einf Überz
⋌	= 2 M re zus-str

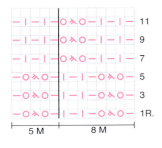

I	= 1 M re
–	= 1 M li
O	= 1 Umschl
⋏	= 1 doppelter Überz

Pfauenfedern

Die Maschenzahl muss durch 17 teilbar sein.
Dem Strickmuster für die Verteilung der einzelnen Maschen folgen.
In den geraden Reihen die Maschen links stricken.
Nach jeder 8. Reihe wieder bei der 1. Reihe beginnen.

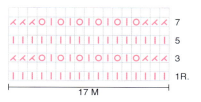

| = 1 M re
O = 1 Umschl
⋏ = 2 M re zus-str

Fischgräten

Die Maschenzahl muss durch 14 teilbar sein, plus 1 Randmasche.
Dem Strickmuster für die Verteilung der einzelnen Maschen folgen.
In den geraden Reihen, außer in Reihe 10 und 12, die Maschen links stricken.
Nach jeder 12. Reihe wieder bei der 1. Reihe beginnen.

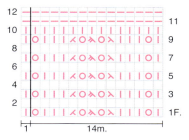

| = 1 M re
— = 1 M li
O = 1 Umschl
⋌ = 1 einf. Überz
⋏ = 1 doppelter Überz
⋋ = 2 M re zus-str

Laschen

Die Maschenzahl muss durch 11 teilbar sein, plus 1 Randmasche. Dem Strickmuster für die Verteilung der einzelnen Maschen folgen.

Das ABC des Strickens

Ein Musterrapport erstreckt sich über 12 Maschen auf glatt linkem Grund mit einfachen Überzügen und doppeltem Überzug in jeder Musterreihe.
In den geraden Reihen die Maschen so stricken, wie sie erscheinen; die Umschläge links stricken. Nach jeder 12. Reihe wieder bei der 1. Reihe beginnen.

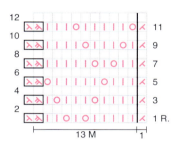

| = 1 M re
O = 1 Umschl
⋏ = 2 M re zus-str
⋌ = 1 einf. Überz
⋏ = 1 doppelter Überz

In den geraden Reihen die Maschen links stricken. Nach jeder 12. Reihe wieder bei der 1. Reihe beginnen.

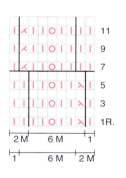

| = 1 M re
O = 1 Umschl
⋌ = 1 einf. Überz
⋏ = 2 M re zus-str

Kleine Rauten

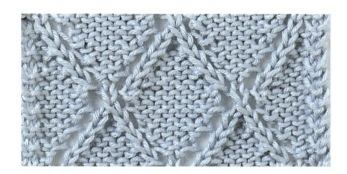

Die Maschenzahl muss durch 10 teilbar sein, plus 1 Randmasche. Dem Strickmuster für die Verteilung der einzelnen Maschen folgen.
In allen geraden Reihen die Maschen rechts stricken.
Nach jeder 16. Reihe wieder bei der 1. Reihe beginnen.

Schlangenlinien

Die Maschenzahl muss durch 6 teilbar sein, plus 3 Maschen zur Musterverteilung.
Dem Strickmuster für die Verteilung der einzelnen Maschen folgen.

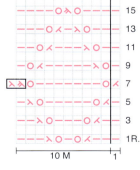

| = 1 M re
— = 1 M li
O = 1 Umschl
⋌ = 1 einf. Überz
⋏ = 1 doppelter Überz
⋏ = 2 M re zus-str

Kleine Blätter

Die Maschenzahl muss durch 14 teilbar sein auf glatt linkem Grund oder durch 18, und der Verteilung im Strickmuster folgen.
In allen geraden Reihen die Maschen so stricken, wie sie erscheinen.
Nach jeder 16. Reihe wieder bei der 1. Reihe beginnen.

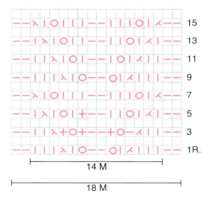

| | = 1 M re
— = 1 M li
O = 1 Umschl
⋋ = 1 einf. Überz
⋌ = 2 M re zus-str

Patchworkmuster

Die Maschenzahl muss durch 10 teilbar sein.
Dem Strickmuster für die Verteilung der einzelnen Maschen folgen.
Nach jeder 36. Reihe wieder bei der 1. Reihe beginnen.

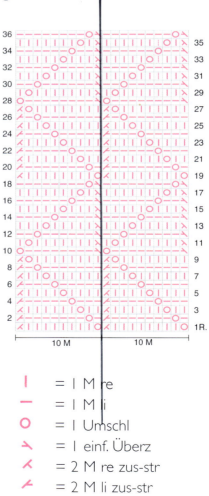

| | = 1 M re
— = 1 M li
O = 1 Umschl
⋋ = 1 einf. Überz
⋌ = 2 M re zus-str
⋰ = 2 M li zus-str
⋋ = 2 M li verschr zus-str

Rautenmuster

Die Maschenzahl muss durch 16 teilbar sein, plus 3 Maschen je nach Verteilung im Strickmuster.
In allen geraden Reihen die Maschen so stricken, wie sie erscheinen, die Umschläge links stricken.
Nach jeder 28. Reihe wieder bei der 1. Reihe beginnen.

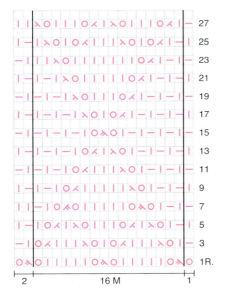

| | = 1 M re
— = 1 M li
O = 1 Umschl
⋋ = 1 einf. Überz
⋌ = 2 M re zus-str
⋋ = 2 M li zus-str
⋋ = 1 einf. Überz
⋋ = 1 doppelter Überz

Wellenmuster

Die Maschenzahl muss durch 13 teilbar sein, plus 1 Randmasche.
Dem Strickmuster für die Verteilung der einzelnen Maschen folgen.
Nach jeder 36. Reihe wieder bei der 1. Reihe beginnen.

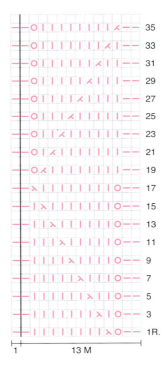

| | = 1 M re
— = 1 M li
O = 1 Umschl
⋌ = 2 M re zus-str
⋋ = 1 einf. Überz

Konzentrische Figuren

Die Maschenzahl muss durch 41 teilbar sein. Muster auf glatt rechtem Grund nach Verteilung im Strickmuster.

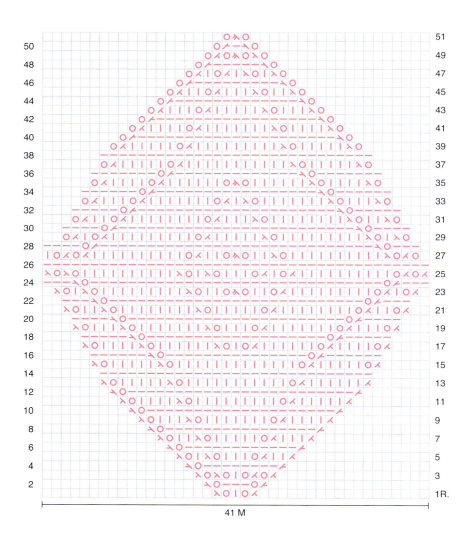

| | = 1 M re
— = 1 M li
O = 1 Umschl
⋋ = 1 einf. Überz

⋏ = 1 doppelter Überz
⋋ = 2 M re zus-str
⋌ = 2 M li zus-str
⋋ = 2 M li verschr zus-str

Das ABC des Strickens

Zopfmuster

Nach rechts verkreuzte Maschen

Den Arbeitsfaden wie zum Rechtsstricken durch die 2. Masche von vorn nach hinten durchziehen, dann durch die 1. Masche holen. Beide Maschen von der Nadel gleiten lassen.

Symbol:

Nach links verkreuzte Maschen

Die 1. Masche übergehen (z. B. auf Hilfsnadel stilllegen) und die 2. Masche rechts stricken und auf die rechte Nadel bringen. Nun die 1. Masche rechts stricken.

Symbol:

Nach rechts gedrehter Zopf

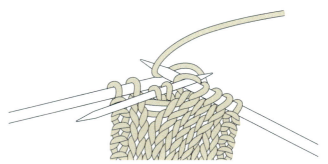

6 Maschen nach rechts verkreuzen: Dazu über 6 Maschen 3 Maschen links auf eine Zopfnadel abheben und hinter das Strickteil legen. Die nächsten 3 Maschen rechts stricken, dann die drei Maschen der Zopfnadel rechts stricken.

Symbol:

Nach links gedrehter Zopf

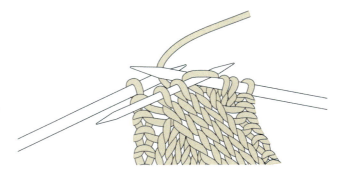

6 Maschen nach links verkreuzen: Dazu über 6 Maschen 3 Maschen links auf eine Zopfnadel abheben und vor das Strickteil legen. Die nächsten 3 Maschen rechts stricken, dann die 3 Maschen der Zopfnadel abstricken.

Symbol:

Einfacher Zopf

Die Maschenzahl muss durch 10 teilbar sein.
1. + 3. Reihe: *2 M li, 4 M re, 4 M li, 4 M re, 2 M li*.
2. + alle geraden Reihen: Die Maschen so stricken, wie sie erscheinen.
5. Reihe: *2 M li, 4 M re verkr, 4 M li, 4 M li verkr*.
7. Reihe = 1. Reihe.

Offene Zöpfe

Die Maschenzahl muss durch 2 teilbar sein.
1. Reihe: 2 M li, *2 M re, 2 M li*.
2. + alle geraden Reihen: Die Maschen so stricken, wie sie erscheinen.
3. Reihe: 2 M li, *2 M nach li verkr, 2 M li, 2 M re nach re verkr, 2 M li*.
5. Reihe = 1. Reihe.

Zöpfchen

Die Maschenzahl muss durch 9 plus 3 teilbar sein.
1. Reihe: *3 M li, 6 M re*, 3 M li.
2. + alle geraden Reihen: Die Maschen so stricken, wie sie erscheinen.
3. Reihe: *3 M li, 4 M nach re verkr, 2 M re*, 3 M li.
5. Reihe: *3 M li, 2 M re, 4 M re nach li verkr.*, 3 M li.
7. Reihe = 1. Reihe.

Halbe Zöpfe

Die Maschenzahl muss durch 8 plus 2 teilbar sein.
1., 3., 5. + 7. Reihe: *2 M li, 3 M re, 3 M li*, 2 M li.
2. + alle geraden Reihen: Die Maschen so stricken, wie sie erscheinen.
9. Reihe: *2 M li, 6 M nach li verkr (3 Maschen dazu auf einer Zopfnadel stilllegen und nach vorn legen; 3 Maschen re, stillgelegte Maschen links abstricken)*, 2 M li.
11. Reihe = 1. Reihe.

Offener Zopf

Die Maschenzahl muss durch 12 teilbar sein.
1. + 5. Reihe: Alle Maschen rechts stricken.
2. + alle geraden Reihen: Alle Maschen links stricken.
3. Reihe: *2 M re, 4 M nach re verkr, 4 M re nach li verkr, 2 M re*.
7. Reihe: *M re nach li verkr*.
9. Reihe = 1. Reihe.

Doppelter Zopf

Die Maschenzahl muss durch 18 teilbar sein, plus 2 Maschen.
1., 3., 7. + 9. Reihe: *3 M li, 12 M re, 3 M li*.
2. + alle geraden Reihen: Die Maschen so stricken, wie sie erscheinen.
5. Reihe: *3 M li, 6 M nach re verkr, 6 M nach li verkr, 3 M li*.
11. Reihe = 1. Reihe.

Zweifache Zöpfe

Die Maschenzahl muss durch 13 teilbar sein, plus 2 Maschen.
1. + 5. Reihe: * 2 M li, 9 M re 2 M li*.
2. + alle geraden Reihen: Die Maschen so stricken, wie sie erscheinen.
3. Reihe: * 2 M li, 3 M re, 6 M nach links verkr, 2 M li*.
7. Reihe: *2 M li, 6 M nach re verkr, 3 M re, 2 M li*.
9. Reihe = 1. Reihe.

Dreifache Zöpfe

Die Maschenzahl muss durch 12 teilbar sein, plus 2 Maschen.
1. + 5. Reihe: Alle Maschen rechts stricken.
2. + alle geraden Reihen: Alle Maschen links stricken.
3. Reihe: *6 M nach li verkr, 6 M re*.
7. Reihe: *6 M re, 6 M nach re verkr*.
9. Reihe = 1. Reihe.

Doppelt gekreuzt

Die Maschenzahl muss durch 12 teilbar sein. Der Verteilung im Strickmuster folgen.
In allen geraden Reihen die Maschen links stricken. Nach jeder 16. Reihe wieder bei der 1. Reihe beginnen.

4 Maschen nach rechts wie folgt verkreuzen:
2 Maschen nach hinten auf einer Hilfsnadel stilllegen, 2 Maschen rechts stricken und dann die 2 stillgelegten Maschen rechts stricken.

4 Maschen nach links wie folgt verkreuzen:
2 Maschen nach vorn auf einer Hilfsnadel stilllegen, 2 Maschen rechts stricken und dann die 2 stillgelegten Maschen rechts stricken.

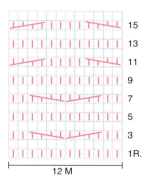

| = 1 M re
⌐⌐⌐ = 4 M re verkr
⌐⌐⌐ = 4 M li verkr

Kleine Knoten

Die Maschenzahl muss durch 12 (oder durch 6) teilbar sein. Der Verteilung im Strickmuster folgen.
In allen geraden Reihen die Maschen so stricken, wie sie erscheinen.
Nach jeder 16. Reihe wieder bei der 1. Reihe beginnen.

6 Maschen nach rechts wie folgt verkreuzen:
3 Maschen nach hinten auf einer Hilfsnadel stilllegen, 3 Maschen rechts stricken und dann die 3 stillgelegten Maschen rechts stricken.

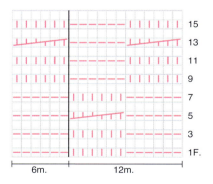

| = 1 M re
− = 1 M li
⌐⌐⌐ = 6 M re verkr

Dreifach gekreuzt

Die Maschenzahl muss durch 18 (oder 9) teilbar sein. Der Verteilung im Strickmuster folgen.
In allen geraden Reihen die Maschen so stricken, wie sie erscheinen.
Nach jeder 16. Reihe wieder bei der 1. Reihe beginnen.

4 Maschen nach rechts wie folgt verkreuzen:
3 Maschen nach hinten auf einer Hilfsnadel stilllegen, 1 Masche rechts stricken und dann die 3 stillgelegten Maschen rechts stricken.

4 Maschen nach links wie folgt verkreuzen:
1 Masche nach vorn auf einer Hilfsnadel stilllegen, 3 Maschen rechts stricken und dann die 1 stillgelegte Masche rechts stricken.

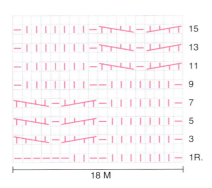

| = 1 M re
— = 1 M li
= 4 M re verkr
= 4 M li verkr

Kreismuster

Die Maschenzahl muss durch 8 teilbar sein. Der Verteilung im Strickmuster folgen.
In allen geraden Reihen die Maschen links stricken. Nach jeder 8. Reihe wieder bei der 1. Reihe beginnen.

4 Maschen nach rechts wie folgt verkreuzen:
2 Maschen nach hinten auf einer Hilfsnadel stilllegen, 2 Maschen rechts stricken und dann die 2 stillgelegten Maschen rechts stricken.

4 Maschen nach links wie folgt verkreuzen:
2 Maschen nach vorn auf einer Hilfsnadel stilllegen, 2 Maschen rechts stricken und dann die 2 stillgelegten Masche rechts stricken.

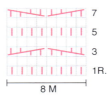

| = 1 M re
= 4 M re verkr
= 4 M li verkr

Knotenkordel

Die Maschenzahl muss durch 10 teilbar sein, plus 1 Randmasche; der Verteilung der Maschen im Strickmuster folgen.

In allen geraden Reihen die Maschen so stricken, wie sie erscheinen.

Nach jeder 16. Reihe wieder bei der 1. Reihe beginnen.

4 Maschen nach rechts wie folgt verkreuzen:
2 Maschen nach hinten auf einer Hilfsnadel stilllegen, 2 Maschen rechts stricken und dann die 2 stillgelegten Maschen rechts stricken.

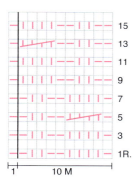

| = 1 M re
– = 1 M li
⊥⊤⊤ = 4 M re verkr

Verschlungene Schnur

Die Maschenzahl muss durch 12 teilbar sein. Der Verteilung im Strickmuster folgen.

In allen geraden Reihen die Maschen so stricken, wie sie erscheinen.

Nach jeder 28. Reihe wieder bei der 1. Reihe beginnen.

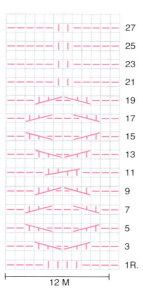

| = 1 M re
– = 1 M li
⊥⊤ = 3 M re verkr
⊤⊥ = 3 M li verkr
⊥⊤⊤ = 4 M re verkr

Kettenmuster

Die Maschenzahl muss durch 12 teilbar sein.
In allen geraden Reihen die Maschen so stricken, wie sie erscheinen.
Nach jeder 20. Reihe wieder bei der 1. Reihe beginnen.

4 Maschen nach links wie folgt verkreuzen:
2 Maschen nach vorn auf einer Hilfsnadel stilllegen, 2 Maschen rechts stricken und dann die 2 stillgelegten Maschen rechts stricken.

6 Maschen nach links wie folgt verkreuzen:
3 Maschen nach vorn auf einer Hilfsnadel stilllegen, 3 Maschen rechts stricken und dann die 3 stillgelegten Maschen rechts stricken.

8 Maschen nach links wie folgt verkreuzen:
4 Maschen nach vorn auf einer Hilfsnadel stilllegen, 4 Maschen rechts stricken und dann die 4 stillgelegten Maschen rechts stricken.

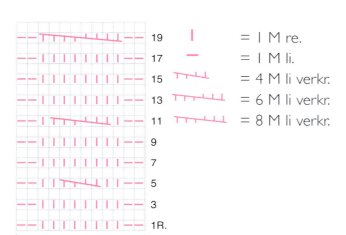

Zuckerschnur

Die Maschenzahl muss durch 20 teilbar sein. Der Verteilung im Strickmuster folgen.
In allen geraden Reihen die Maschen so stricken, wie sie erscheinen.
Nach jeder 20. Reihe wieder bei der 1. Reihe beginnen.

6 Maschen nach links wie folgt verkreuzen:
4 Maschen nach vorn auf einer Hilfsnadel stilllegen, 2 Maschen rechts stricken und dann die 4 stillgelegten Maschen stricken, und zwar je 2 M re und 2 M li.

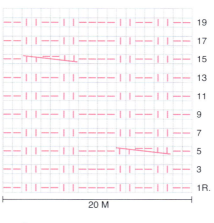

Treppe

Die Maschenzahl muss durch 9 teilbar sein, plus 6. Der Verteilung der Maschen im Strickmuster folgen.

In allen geraden Reihen, außer in Reihe 2, 10 und 18, die Maschen so stricken, wie sie erscheinen. Nach jeder 25. Reihe wieder bei der 2. Reihe beginnen.

6 Maschen nach rechts wie folgt verkreuzen: 3 Maschen nach hinten auf einer Hilfsnadel stilllegen, 3 Maschen rechts stricken und dann die 3 stillgelegten Maschen rechts stricken.

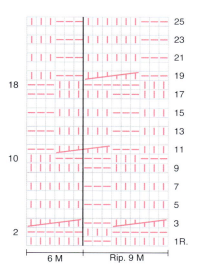

| = 1 M re.
− = 1 M li.
⊥⊥⊥⊤⊤⊤ = 6 M re verkr.

Spiegelchen

Die Maschenzahl muss durch 12 teilbar sein. Für das Muster auf glatt linkem Grund der Verteilung der Maschen im Strickmuster folgen.
Nach jeder 28. Reihe wieder bei der 1. Reihe beginnen.

2 Maschen nach rechts wie folgt verkreuzen: 1 Masche nach hinten auf einer Hilfsnadel stilllegen, 1 Masche rechts stricken und dann die 1 stillgelegte Masche rechts stricken.

2 Maschen nach links wie folgt verkreuzen: 1 Masche nach vorn auf einer Hilfsnadel stilllegen, 1 Masche rechts stricken und dann die 1 stillgelegte Masche rechts stricken.

4 Maschen nach rechts wie folgt verkreuzen: 2 Maschen nach hinter auf einer Hilfsnadel stilllegen, 2 Maschen rechts stricken und dann die 2 stillgelegten Maschen rechts stricken.

4 Maschen nach links wie folgt verkreuzen: 2 Maschen nach vorn auf einer Hilfsnadel stilllegen, 2 Maschen rechts stricken und dann die 2 stillgelegten Maschen rechts stricken.

| = 1 M re
− = 1 M li
⊾ = 2 M re verkr
⊿ = 2 M li verkr
⊥⊥⊤⊤ = 4 M li verkr
⊥⊥⊤⊤ = 4 M re verkr

Das ABC des Strickens

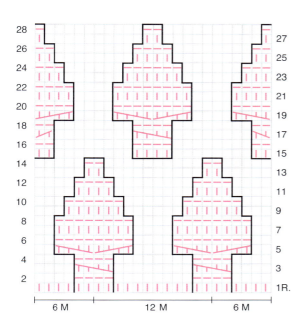

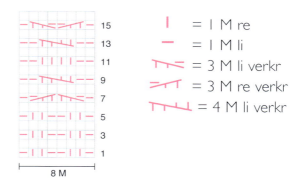

4 Maschen nach links wie folgt verkreuzen:
2 Maschen nach hinten auf einer Hilfsnadel stilllegen, 2 Maschen rechts stricken und dann die 2 stillgelegten Maschen rechts stricken.

| = 1 M re
– = 1 M li
= 3 M li verkr
= 3 M re verkr
= 4 M li verkr

Bambus

Die Maschenzahl muss durch 8 teilbar sein; der Verteilung der Maschen im Strickmuster folgen.
In allen geraden Reihen die Maschen so stricken, wie sie erscheinen.
Nach jeder 16. Reihe wieder bei der 1. Reihe beginnen.
3 Maschen nach rechts wie folgt verkreuzen:
1 Masche nach hinten auf einer Hilfsnadel stilllegen, 2 Maschen rechts stricken und dann die 1 stillgelegte Masche links stricken.
3 Maschen nach links wie folgt verkreuzen:
2 Maschen nach vorn auf einer Hilfsnadel stilllegen, 1 Masche links stricken und dann die 2 stillgelegten Maschen rechts stricken.

Überkreuzte Bänder

Die Maschenzahl muss durch 16 teilbar sein, plus 15 Maschen zur Verteilung im Strickmuster.
Nach jeder 28. Reihe wieder bei der 1. Reihe beginnen.
7 Maschen nach links wie folgt verkreuzen:
3 Maschen nach vorn und 1 Masche nach hinten auf zwei Hilfsnadeln stilllegen, 3 Maschen rechts stricken, dann die 1 stillgelegte Masche links stricken und danach die 3 stillgelegten Maschen rechts stricken.

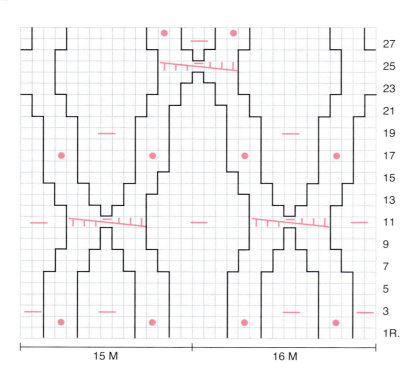

• = glatt re
— = glatt li
⊤⊤⊤⊤⊤ = 7 M li verkr

Reliefmuster

Noppe

1. Die rechte Nadel in die Masche einstechen und 3 Maschen rechts (oder links) herausstricken. Die Arbeit wenden.

2. In der Rückreihe die 3 Maschen links stricken. In der nächsten Reihe dann die 3 Noppenmaschen mit der danach liegenden Masche rechts (oder links) zusammenstricken.

Symbol:

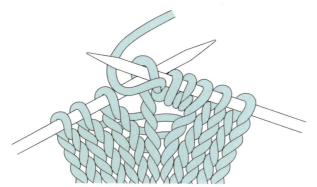

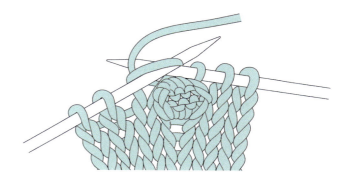

Prägemuster

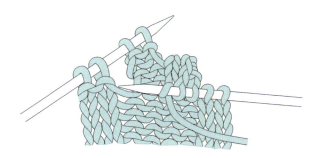

1. Legen Sie die Maschen, die Sie für das Prägemuster brauchen, auf einer separaten kleinen Hilfsnadel still und stricken Sie mit 2 oder mehr Nadeln weiter.

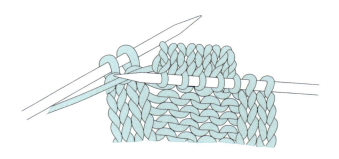

2. In einer ungeraden Reihe, auf der Rückseite der Strickarbeit, 1 Masche von der kleinen Hilfsnadel und 1 Masche von der Strickarbeit links zusammenstricken. Auf der Vorderseite sieht das dann aus wie eine mehr oder weniger sichtbare „Falte".

Symbol:

Streublümchen

Die Maschenzahl muss durch 10 teilbar sein, plus 1 Randmasche.
1., 3., 7. + 9. Reihe: Alle Maschen rechts stricken.
2. + alle geraden Reihen: Alle Maschen links stricken.

5. Reihe: *1 Streublümchen (= 3 M li zus-str, danach re und dann noch mal li), 7 M re*; 1 Noppe.
11. Reihe: *5 M re, 1 Noppe, 2 M re*; 2 M re.
13. Reihe = 1. Reihe.

Kleine Noppen

Die Maschenzahl muss durch 10 teilbar sein, plus 1 Masche. Muster auf glatt linkem Grund.
1., 3., 7. + 9. Reihe: Alle Maschen rechts stricken.
2. + alle geraden Reihen: Alle Maschen links stricken.
5. Reihe: *1 Noppe (= 5 M in 1 M zus-str, und zwar abwechselnd 1 M re + 1 M li, die 5 M über 4 Reihen glatt weiterstricken, dann 4 M über die letzte M überz), 9 M re*; 1 M re.
11. Reihe: *5 M re, 1 Noppe, 4 M re*; 1 M re.
13. Reihe = 1. Reihe.

Samarkand

Die Maschenzahl muss durch 4 teilbar sein.
1. Reihe: *3 M li, 3 M in 1 M zus-str (= 1 M re, 1 Umschl, 1 M re)*.
2. Reihe: *3 M re, 3 M li zus-str*.
3. Reihe: *3 M in 1 M zus-str, 3 M li*.
4. Reihe: *3 M li zus-str, 3 M re*.
5. Reihe = 1. Reihe.

Horizontale Noppenreihen

Die Maschenzahl muss ungerade sein.
1. Reihe: Alle Maschen links stricken.
2. Reihe: *1 M re, 1 Noppe (= 3 M in 1 M zus-str, und zwar abwechselnd 1 M re, 1 M li + 1 M re)*.
3. Reihe: Alle Maschen links stricken.
4. Reihe: *1 M li, 3 M li zus-str*.
5. + 7. Reihe: Alle Maschen rechts stricken.
6. + 8. Reihe: Alle Maschen links stricken.
9. Reihe = 1. Reihe.

Astrakan

Die Maschenzahl muss durch 4 teilbar sein.
1. + 3. Reihe: Alle Maschen links stricken.
2. Reihe: *3 M li zus-str, 3 M in 1 M zus-str (= 1 M re, 1 M li und 1 M re)*.
4. Reihe: *3 M in 1 M zus-str, 3 M li zus-str*.
5. Reihe = 1. Reihe.

Vertikale Noppenreihen

Die Maschenzahl muss durch 6 teilbar sein, plus 1 Randmasche.
1. Reihe: *1 M abh mit Faden nach hinten, 5 M li*, 1 M abh mit Faden nach hinten.
2. Reihe: 1 M li, *5 M re, 1 M li*.
3. Reihe: *1 M abh mit Faden nach hinten; 2 M li, 1 Noppe (= 4 M in 1 M zus-str, und zwar abwechselnd 1 M re + 1 M re verschr, dann die

ersten 3 M über die letzte Masche überz), 2 M li*, 1 M abh mit Faden nach hinten.
4. Reihe: 1 M li, *2 M re, 1 M li, 2 M re*, 1 M li.
5. Reihe = 1. Reihe.

Treppchen nach rechts

Die Maschenzahl muss durch 6 teilbar sein.
1. Reihe: *2 M re, 1 Noppe (= 6 M in 1 M zus-str, und zwar abwechselnd 1 M re, 1 M li, 5 M über die letzte 1 M überz), 3 M li*.
2. und alle geraden Reihen: Die Maschen so stricken, wie sie erscheinen.
3. Reihe: *1 M li, 2 M re, 1 Noppe, 2 M li*.
5. Reihe: *2 M li, 2 M re, 1 Noppe, 1 M. li*.
7. Reihe: *3 M li, 2 M re, 1 Noppe*.
9. Reihe: *1 Noppe, 2 M li, 3 M re*.
11. Reihe: *1 M re, 1 Noppe, 3 M li, 1 M re*.
13. Reihe = 1. Reihe.

Treppchen nach links

Die Maschenzahl muss durch 6 teilbar sein.
1. Reihe: *3 M li, 1 Noppe (= 3 M in 1 M zus-str, und zwar abwechselnd 1 M re, 1 M li und 1 M re; Strickarbeit wenden und 3 M li stricken, Strickarbeit wenden und 3 M re stricken, Strickarbeit wenden, 2 M verschr li und 1 M li stricken, Strickarbeit wenden und 1 einf. Überz), 2 M re*.
2. und alle geraden Reihen: Die Maschen so stricken, wie sie erscheinen.
3. Reihe: *2 M li, 1 Noppe, 2 M re, 1 M li*.
5. Reihe: *1 M li, 1 Noppe, 2 M re, 2 M li*.
7. Reihe: *1 Noppe, 2 M re, 3 M li*.
9. Reihe: *2 M re, 3 M li, 1 Noppe *.
11. Reihe: *1 M. re, 3 M li, 1 Noppe, 1 M re*.
13. Reihe = 1. Reihe.

Kleeblätter

Die Maschenzahl muss durch 8 teilbar sein, plus 5 Maschen zur Verteilung im Strickmuster.
In allen geraden Reihen die Maschen so stricken wie sie erscheinen, die Maschen über den Noppen rechts stricken.
Nach jeder 16. Reihe wieder bei der 1. Reihe beginnen.
Die Noppe wie folgt stricken: Aus 1 Masche 3 Maschen links herausstricken (1 M re, 1 M li und 1 M re); Strickarbeit wenden und 3 M li stricken; Strickarbeit wenden und 3 M re stricken; Strickarbeit wenden und 2 M li verschr zus-str und 1 M li; Strickarbeit wenden und 1 einfachen Überz stricken.

3 Maschen nach links wie folgt verkreuzen: 2 Maschen nach vorn auf einer Zopfnadel stilllegen, 1 Masche links stricken und dann die 2 stillgelegten Maschen rechts stricken.

4 Maschen nach links wie folgt verkreuzen: 2 Maschen nach hinten auf einer Zopfnadel stilllegen, 2 Maschen rechts stricken und dann die 2 stillgelegten Maschen rechts stricken.

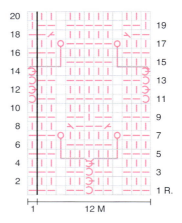

| = 1 M re
— = 1 M li
× = Noppe

| = 1 M re
— = 1 M li
⊃ = 1 M li abh mit Faden nach hinten
⊂ = 1 M re abh mit Faden nach vorn
╱ = 2 M li zus-str
╲ = 2 M li verschr zus-str
= 1 Schlinge nach li
= 1 Schlinge nach re

Korallen

Die Maschenzahl muss durch 10 teilbar sein, plus 1 Masche zur Verteilung im Strickmuster. Nach jeder 20. Reihe wieder bei der 1. Reihe beginnen.

Die Schlinge wie folgt stricken: Mit der Häkelnadel in die Maschen 3 Reihen unter der aktuellen Reihe einstechen und eine Schlinge hochziehen, auf der Häkelnadel einen Umschlag machen und eine weitere Schlinge herausziehen, dann einen weiteren Umschlag zwischen den beiden Schlingen und dem Umschlag machen und die Masche auf die Stricknadel heben.

Prägemuster

Bei diesem Muster wird mit 2 kontrastfarbenen Garnen gestrickt, die sich alle 2 Reihen abwechseln. Die Maschenzahl muss durch 14 teilbar sein, plus 1 Masche zur Verteilung im Strickmuster.

In allen nicht gekennzeichneten geraden Reihen die Maschen links stricken und die Maschen, die in

Das ABC des Strickens

der vorherigen Reihe abgehoben worden sind, abheben.

Nach jeder 24. Reihe wieder bei der 1. Reihe beginnen.

Die Masche für das Prägemuster wie folgt stricken: Eine Masche aus der 8. Reihe unter der aktuellen Reihe herausnehmen, auf die linke Stricknadel gleiten lassen und mit den anderen Maschen links stricken.

Die nach rechts verlängerte Masche wie folgt stricken: Den Faden zweimal um die Stricknadel wickeln.

Die nach links verlängerte Masche wie folgt stricken: Den Faden viermal um die Stricknadel wickeln.

Die Masche für das Prägemuster wie folgt stricken: Eine Masche aus der 6. Reihe unter der aktuellen Reihe herausnehmen, auf die linke Stricknadel gleiten lassen und mit den anderen Maschen rechts stricken.

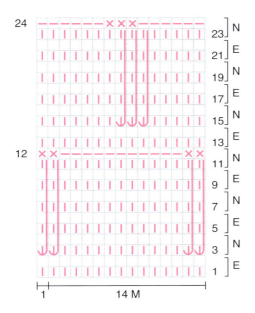

| = 1 M re
− = 1 M li
× = 1 M für Prägemuster
⌡

N = Noppe
E = écrufarbenes Garn

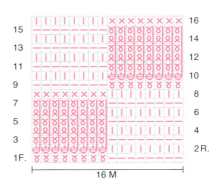

| = 1 M re
− = 1 M li
୪ = 1 M nach re verl
୪ = 1 M nach li verl
୪↓୪ = 8 M nach li verl
× = 1 M für Prägemuster
⌡

Polstermuster

Bei diesem Muster wird mit 2 kontrastfarbenen Garnen gestrickt, die sich alle 8 Reihen abwechseln. Die Maschenzahl muss durch 16 (oder 8) teilbar sein und der Verteilung der Maschen im Strickmuster folgen.

Rosenknospen

Die Maschenzahl muss durch 11 teilbar sein.
Muster auf glatt rechtem Grund. Der Verteilung der Maschen im Strickmuster folgen.
In allen geraden Reihen die Maschen so stricken, wie sie erscheinen.
Nach jeder 14. Reihe wieder bei der 3. Reihe beginnen.

Die 2 M nach li verkr wie folgt stricken: Die 1. Masche nach hinten stilllegen (hier und im folgenden) und die 2. Masche rechts stricken, dann die 1. Masche rechts stricken.

Die 2 M nach re verkr wie folgt stricken: Die 1. Masche nach vorn stilllegen und die 2. Masche rechts stricken, dann die 1. Masche rechts stricken.

Die Noppe wie folgt stricken: Aus 1 Masche 5 Maschen herausstricken (abwechselnd 1 M re, 1 Umschl); Strickarbeit wenden und 5 M re stricken; Strickarbeit wenden und 5 M li stricken; Strickarbeit wenden und 2 M re zus-str, 1 M li und 2 M re zus-str; Strickarbeit wenden und 3 M li zus-str.

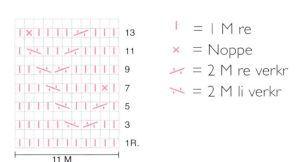

| = 1 M re
× = Noppe
╱ = 2 M re verkr
╲ = 2 M li verkr

Aufgeblühte Tulpen

Die Maschenzahl muss durch 13 teilbar sein.
Der Verteilung der Maschen im Strickmuster folgen.
Nach jeder 16. Reihe wieder bei der 1. Reihe beginnen.

Die 7 M wie folgt herausstricken: Aus einer Masche siebenmal abwechselnd 1 M re und 1 M re verschr herausstricken.

Die Noppe wie folgt stricken: aus 1 Masche 5 Maschen herausstricken (abwechselnd 1 M re, 1 Umschl); Strickarbeit wenden und 5 M li stricken; Strickarbeit wenden und 5 M re stricken; Strickarbeit wenden und 5 M li; dann die letzten 4 M über die 5. M überz; Strickarbeit werden und 1 M re.

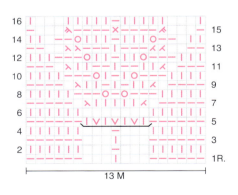

| = 1 M re
− = 1 M li
O = 1 Umschl
╱ = 2 M re zus-str
╱ = 3 M re zus-str

Das ABC des Strickens

⋌ = 1 einf. Überz
⋏ = 1 doppelter Überz
× = Noppe
⌊I V I V I V I⌋ = 7 M aus 1 M

I = 1 M re.
— = 2 M li verkr
⋋ = 2 M re verkr
⋌ = Noppe

Zweige

Die Maschenzahl muss durch 16 teilbar sein.
Der Verteilung der Maschen im Strickmuster folgen. Nach jeder 11. Reihe wieder bei der 2. Reihe beginnen.

Die 2 M nach re verkr wie folgt stricken: Die 1. Masche nach hinten stilllegen und die 2. Masche links stricken, dann die 1. Masche rechts stricken.

Die 2 M. nach li. verkr. wie folgt stricken: Die 1. Masche nach vorne stilllegen und die 2. Masche li verschr stricken, dann die 1. Masche rechts stricken.

Die Noppe wie folgt stricken: Aus 1 Masche 5 Maschen herausstricken (abwechselnd 1 M re 1 Umschl); Strickarbeit wenden und 5 M li stricken; Strickarbeit wenden und 5 M re stricken; über die 5. M die 4 anderen M drüberziehen, dabei bei der nächstliegenden Masche beginnen.

Beeren

Die Maschenzahl muss durch 12 teilbar sein.
Der Verteilung der Maschen im Strickmuster folgen. Nach jeder 8. Reihe wieder bei der 2. Reihe beginnen.

Die Noppe wie folgt stricken: Aus dem Querfaden 3 M herausstricken (1 M re, 1 M re verschr und 1 M re); Strickarbeit wenden und 3 M li stricken; Strickarbeit wenden und 3 M re stricken; Strickarbeit wenden und 2 M li zus-str und 1 M li; Strickarbeit werden und 1 einf Überz stricken.

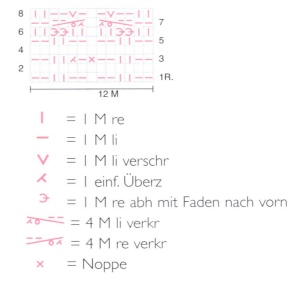

I = 1 M re
— = 1 M li
V = 1 M li verschr
⋌ = 1 einf. Überz
Ә = 1 M re abh mit Faden nach vorn
⋋ = 4 M li verkr
⋌ = 4 M re verkr
× = Noppe

Kristalle

I	= 1 M re
–	= 1 M li
O	= 1 Umschl
×	= 1 einf. Überz
⋏	= 1 doppelter Überz
⋌	= 2 M re zus-str
⋏	= Noppe
I O I	= 3 M aus 1 M

Die Maschenzahl muss durch 14 teilbar sein, plus 7 Maschen für die Verteilung im Strickmuster.
In allen geraden Reihen die Maschen so stricken, wie sie erscheinen, die Umschläge links stricken, die Masche über der Noppe links stricken, die Masche über dem einfachen Überzug rechts stricken.
Nach jeder 20. Reihe wieder bei der 1. Reihe beginnen.

Die 3 M aus 1 M wie folgt herausstricken: Aus einer Masche 1 M re, 1 Umschl und 1 M re herausstricken.

Die Noppe wie folgt stricken: Aus 1 Masche 5 Maschen herausstricken (abwechselnd 1 M re 1 M li); Strickarbeit wenden und 5 M li stricken; Strickarbeit wenden und 5 M re stricken; Strickarbeit wenden und 1 M li, 3 M li zus-str; Strickarbeit wenden und 1 doppelten Überzug stricken.

Kleine Fächer

Die Maschenzahl muss durch 12 teilbar sein, plus 2 Maschen für die Verteilung im Strickmuster.
Nach jeder 20. Reihe wieder bei der 1. Reihe beginnen.

Die Noppe wie folgt stricken: Aus 1 Masche 5 Maschen herausstricken (abwechselnd 1 M re und 1 Umschl); Strickarbeit wenden und 5 M li stricken; Strickarbeit wenden und 5 M re stricken; Strickarbeit wenden und 2 M li zus-str, 1 M li und 2 M li zus-str; Strickarbeit wenden und 1 doppelten Überz stricken.

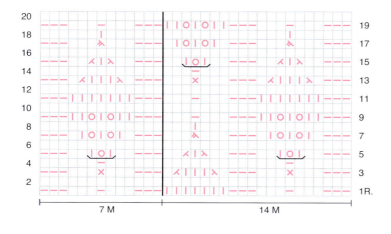

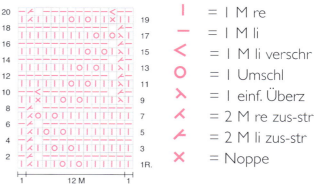

I	= 1 M re
–	= 1 M li
⋌	= 1 M li verschr
O	= 1 Umschl
×	= 1 einf. Überz
⋌	= 2 M re zus-str
⋋	= 2 M li zus-str
×	= Noppe

Das ABC des Strickens

Glocken

Die Maschenzahl muss durch 22 teilbar sein, plus 11 Maschen für die Verteilung im Strickmuster. Nach jeder 20. Reihe wieder bei der 1. Reihe beginnen.

Den Mehrfachüberzug wie folgt stricken:
10 M nur abh, 1 M re, die 10 M über die rechte Masche darüberziehen, dabei bei der nächstgelegenen Masche beginnen.

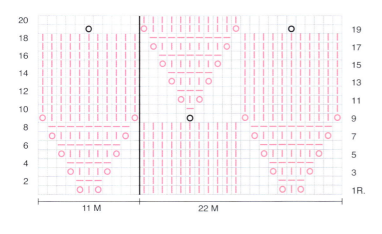

| = 1 M re
— = 1 M li
o = 1 Umschl
O = 1 Mehrfachüberzug

Steppstoffmuster

Die Maschenzahl muss durch 16 teilbar sein, plus 3 Maschen für die Verteilung im Strickmuster. In allen geraden Reihen die Maschen so stricken, wie sie erscheinen, außer in Reihe 10 und 20. Nach jeder 20. Reihe wieder bei der 1. Reihe beginnen.

Die Schlingen nach rechts wie folgt stricken: Jede angezeigte rechte Masche mit der entsprechenden Masche 9 Reihen darunter stricken.

Die Schlingen nach links wie folgt stricken: Die angezeigte linke Masche mit der entsprechenden Masche 9 Reihen darunter stricken.

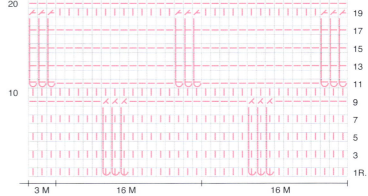

| = 1 M re
— = 1 M li
⊀ = M re zus-str
⊁ = M li zus-str
= Schlinge nach li
= Schlinge nach re

Fantasiemuster

Fallmaschen

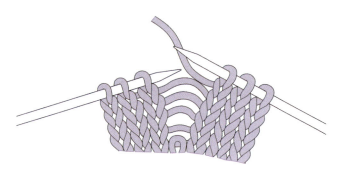

Auf der Höhe, auf der die Fallmasche enden soll, muss ein Umschlag eingearbeitet werden. Wenn dann die Höhe erreicht wurde, auf der die Maschen fallen gelassen werden sollen, einfach die entsprechende Masche von der rechten Nadel fallen lassen.

Symbol:

Schmetterling

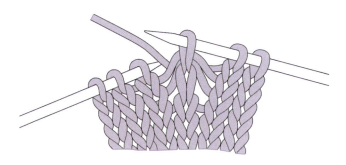

Eine Masche 3 Reihen tief fallen lassen, die nächste Masche rechts stricken und die fallengelassene Masche über 3 Reihen wieder hochheben.

Symbol: ✚

Verlängerte Masche

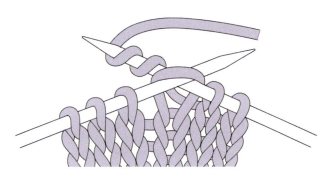

Stechen Sie mit der Stricknadel in die Masche und wickeln Sie den Faden zwei- oder mehrmals um die Nadel. In der nächsten Strickreihe lassen Sie die Wickelmaschen fallen.

Symbole: rechts links

Masche wieder auffassen (Öse)

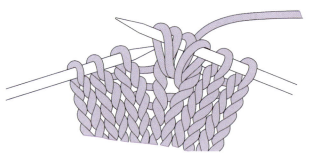

Stechen Sie mit der Nadel in eine darunterliegende Masche, verlängern diese und stricken sie dann rechts.

Symbol:

Waben

Die Maschenzahl muss gerade sein.
1. und 3. Reihe: Alle Maschen rechts stricken.
2. Reihe: *1 M re, 1 tiefer gestochene Masche*.
4. Reihe: *1 tiefer gestochene Masche, 1 M re*.
5. Reihe = 1. Reihe.

Gänsefüßchen

Die Maschenzahl muss durch 3 teilbar sein.
1. Reihe: *1 schräge M (= 2 M re zus-str und dann nochmals die 1. M re), 1 M re*.
2. + alle geraden Reihen: Alle Maschen links stricken.
3. Reihe: *1 M re, 1 schräge M*.
5. Reihe = 1. Reihe.

Kleine Zellen

Die Maschenzahl muss durch 8 teilbar sein plus 1.
1. Reihe: Alle Maschen links stricken.
2. + alle geraden Reihen: Alle Maschen links stricken.
3. Reihe: 1 M re, *2 M re verschr, 2 M li verschr, 4 M re*.
5. Reihe: 1 M re, *2 M li verschr, 2 M re verschr, 4 M re*.
7. Reihe = 1. Reihe.
9. Reihe: Ab hier die Position der Zellen versetzen, und zwar immer in die Mitte der darunterliegenden Zellen.

Bienenstock

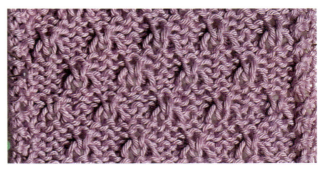

Die Maschenzahl muss durch 4 teilbar sein, plus 3 Maschen, plus die Randmaschen.
1. Reihe: Alle Maschen links stricken.
2. + alle geraden Reihen: Alle Maschen links stricken.

3. Reihe: *3 M li, 1 M re im Relief (= die Stricknadel 2 Reihen unter die zu strickende Masche einstechen)*; 3 M li.
5. Reihe: Alle Maschen links stricken.
7. Reihe: *1 M li, 1 M re im Relief, 2 M re*; 1 M re, 1 M im Relief, 1 M li.
9. Reihe = 1. Reihe.

Einfache Verlängerung

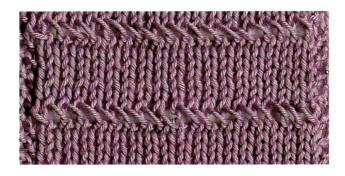

Das Motiv ist auf glatt rechtem Grund, und die Motivreihen werden in beliebigem Abstand zueinander gestrickt.
1. Reihe: Die Maschen rechts stricken, den Arbeitsfaden immer dreimal um die Nadel wickeln.
2. + alle geraden Reihen: Alle Maschen links stricken, wobei die Umschläge fallen gelassen werden.
Diese beiden Reihen in beliebigem Abstand immer wiederholen.

Verschränkte Verlängerung

Das Motiv ist auf glatt rechtem Grund und die Motivreihen werden in beliebigem Abstand zueinander gestrickt.
1. Reihe: Die Maschen rechts stricken, wobei der Arbeitsfaden immer einmal um die Maschen von 2 aufeinanderfolgenden Reihen gewickelt wird und einmal um die rechte Nadel.
2. + alle geraden Reihen: Alle Maschen links stricken, wobei die Umschläge fallen gelassen werden.
Diese beiden Reihen in beliebigem Abstand immer wiederholen.

Wellenförmige Verlängerung

Die Maschenzahl muss durch 10 teilbar sein.
1. + 2. Reihe: Alle Maschen rechts stricken.
3. Reihe: *6 M re, 1 Umschl, 1 M re, 2 Umschl, 1 M re, 3 Umschl, 1 M re, 2 Umschl, 1 M re, 1 Umschl*.
4. + 8. Reihe: Alle Maschen rechts stricken, wobei die Umschläge fallen gelassen werden.
5. + 6. Reihe: Alle Maschen rechts stricken.
7. Reihe: *1 M re, 1 Umschl, 1 M re, 2 Umschl, 1 M re, 3 Umschl, 1 M re, 2 Umschl, 1 M re, 1 Umschl, 5 M re*.
9. Reihe = 1. Reihe.

Kreuzförmige Verlängerung

Die Maschenzahl muss durch 4 teilbar sein, plus 3 Maschen, plus die Randmaschen.
1.–5. Reihe: Alle Maschen rechts stricken.
6. Reihe: *1 M re, 3 Umschl*.
7. Reihe: *1 Kreuzung (= 6 M auf die rechte Nadel abheben und dabei die Umschläge fallen lassen. Die 6 verlängerten M wieder zurück auf die linke Nadel heben; die 4. M stricken und sie ringförmig über die ersten 3 M als Schlinge fallen lassen, dasselbe mit der 5. und 6. M wiederholen, die ersten 3 M rechts stricken)*.
8. Reihe: Alle Maschen rechts stricken.
9. Reihe = **1. Reihe**.

Nach jeder 26. Reihe wieder bei der 3. Reihe beginnen.
Den Schmetterling wie folgt stricken:
Mit der rechten Nadel die 5 jeweils rechts abgehobenen Maschen hochheben und mit der 1. Masche auf der linken Seite rechts stricken.

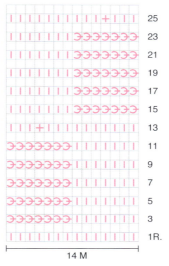

| = 1 M re
Ɔ = 1 M abh mit Faden nach vorn
+ = Schmetterling

Schmetterlinge

Die Maschenzahl muss durch 14 (oder 7) teilbar sein. Der Verteilung der Maschen im Strickmuster folgen. In allen geraden Reihen die Maschen links stricken.

Eieruhren

Die Maschenzahl muss durch 10 teilbar sein. Der Verteilung der Maschen im Strickmuster folgen. In allen geraden Reihen die Maschen so stricken, wie sie erscheinen.

Nach jeder 18. Reihe wieder bei der 3. Reihe beginnen.

Die leeren Kästchen entsprechen den Fallmaschen.

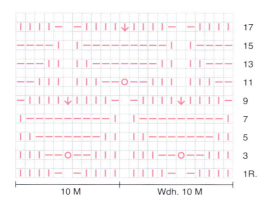

| = 1 M re
− = 1 M li
○ = 1 Umschl
↓ = 1 Fallmasche

Smok

Die Maschenzahl muss durch 8 teilbar sein, plus 2 Maschen zur Verteilung im Strickmuster.
Nach jeder 8. Reihe wieder bei der 1. Reihe beginnen.

Die Schlinge wie folgt stricken: Mit der rechten Nadel zwischen die 6. und 7. Masche der linken Nadel einstechen, den Querfaden herausziehen und auf die linke Nadelspitze heben, danach mit der 1. Masche auf der linken Nadel zusammenstricken; dann 1 M re, 2 M li und 2 M re stricken.

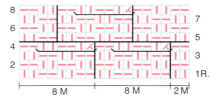

| = 1 M re
− = 1 M li
⎵||−−|⎵ = 1 Schlinge

Rhombenmuster

Die Maschenzahl muss durch 6 teilbar sein. Der Verteilung der Maschen im Strickmuster folgen.
Nach jeder 12. Reihe wieder bei der 1. Reihe beginnen.

Die Verlängerungsmaschen wie folgt stricken: Die Masche abheben, ohne sie zu stricken, und die Umschläge fallen lassen.

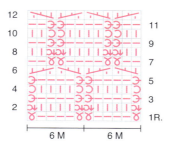

Das ABC des Strickens

∣	= 1 M re
—	= 1 M li
ȣ	= 1 verlängerte Masche
⊥	= 1 Langmasche
Ͻ	= 1 M abh mit Faden nach vorn
⊂	= 1 M abh mit Faden nach hinten
∕∕∕	= 3 M li gekr
∕∕∕	= 3 M re gekr

∣	= 1 M re
—	= 2 M li verschr zus-str
o	= 1 M li
⋋	= 1 Umschl
⋏	= 1 einf. Überz
⋌	= 2 M re zus-str
⋋	= 2 M li zus-str
⊃	= Umschl nach re abh
×	= 1 Schleife

Schleifenmuster

Die Maschenzahl muss durch 12 teilbar sein. Der Verteilung der Maschen im Strickmuster folgen.
In allen geraden Reihen, außer der 10. Reihe, die Maschen so stricken, wie sie erscheinen.
Nach jeder 10. Reihe wieder bei der 1. Reihe beginnen.

Das Schleifenmotiv wie folgt stricken:

Mit der rechten Nadel die Querfäden aus der Fallmasche zusammenfassen und 1 M li und 1 M re stricken.

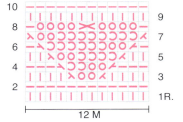

Zöpfchen

Das Motiv läuft über 8 Maschen auf glatt linkem Grund. Der Verteilung der Maschen im Strickmuster folgen.
Nach jeder 10. Reihe wieder bei der 1. Reihe beginnen. Die leeren Kästchen entsprechen den Fallmaschen.

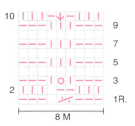

∣	= 1 M re
—	= 1 M li
o	= 1 Umschl
∕	= 2 M re zus-str
↓	= 1 Fallmasche

Schachbrettmuster

Die Maschenzahl muss durch 10 teilbar sein. Der Verteilung der Maschen im Strickmuster folgen. Nach jeder 16. Reihe wieder bei der 1. Reihe beginnen.

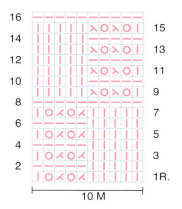

| = 1 M re
— = 1 M li
O = 1 Umschl
⋋ = 1 einf. Überz
⋏ = 2 M zus-str

Kletterpflanzen

Die Maschenzahl muss durch 16 teilbar sein, plus 2 Randmaschen zur Verteilung im Strickmuster. In allen geraden Reihen die Maschen so stricken, wie sie erscheinen. Nach jeder 20. Reihe wieder bei der 1. Reihe beginnen.

Die 2 Maschen wie folgt nach links verkreuzen A: Hinter der 1. Masche die 2. Masche re verschr stricken, dann die 1. Masche re stricken.

Die 2 Maschen wie folgt nach links verkreuzen B: Hinter der 1. Masche die 2. Masche li verschr stricken, dann die 1. Masche re stricken.

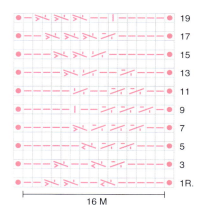

● = 1 Umschl
| = 1 M re
— = 1 M li
╱ = 2 M nach re verkr A
╱ = 2 M nach re verkr B
╲ = 2 M nach li verkr A
╲ = 2 M nach li verkr B

Getreide

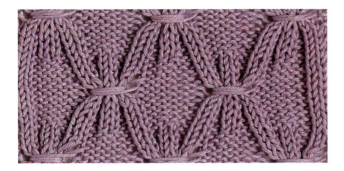

Die Maschenzahl muss durch 16 teilbar sein, plus 10 Maschen zur Verteilung im Strickmuster.
In allen geraden Reihen die Maschen so stricken, wie sie erscheinen.
Nach jeder 24. Reihe wieder bei der 1. Reihe beginnen.
Die 10 Maschen wie folgt bündeln: 10 Maschen auf eine Hilfsnadel mit 2 Spitzen legen, mit dem Arbeitsfaden die 10 Maschen dreimal von vorn nach hinten umwickeln, die Wicklung stramm ziehen und die Maschen so stricken, wie sie erscheinen.

Flechtwerk

Die Maschenzahl muss durch 12 teilbar sein, plus 1 Masche zur Verteilung im Strickmuster. In allen geraden Reihen die Maschen links stricken.
Nach jeder 24. Reihe wieder bei der 1. Reihe beginnen. **Die 7 Maschen wie folgt zusammenfassen:** Mit der rechten Nadel in den Querfaden zwischen der 7. und 8. Masche auf der linken Nadel stechen, eine Schlinge herausziehen, auf die linke Nadel heben und mit der 1. Masche rechts stricken. Die anderen Maschen wie folgt stricken: 1 M re, 1 doppelter Überz, 1 M re und 1 Umschl.

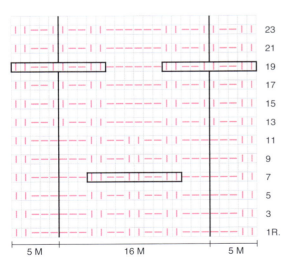

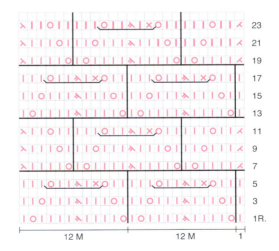

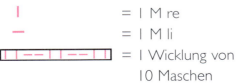

| = 1 M re
— = 1 M li
[|—||—||—|] = 1 Wicklung von 10 Maschen

| = 1 M re
O = 1 Umschl
⋋ = 2 M zus-str
⋌ = 1 einf. Überz
⋏ = 1 doppelter Überz
O||⋏|⋋ = 7 M zusammenfassen

Kreisel

| = 1 M re
O = 1 Umschl
⋋ = 1 einf. Überz
⋎ = 2 M re zus-str
⥮4 = 4 M li zus-str
⥮7 = 7 M li zus-str
⋀ = 6 Schlingen

Die Maschenzahl muss durch 14 teilbar sein, plus 1 Masche zur Verteilung im Strickmuster.
In allen geraden Reihen, außer den gekennzeichneten, die Maschen links stricken.
Nach jeder 28. Reihe wieder bei der 1. Reihe beginnen.

Die Gruppe von 6 Schlingen wie folgt stricken:
Mit der rechten Nadel 6 Schlingen herausziehen, jeweils 1 aus dem darunterliegenden Umschlag, dabei von oben rechts beginnen und sich gegen den Uhrzeigersinn nach links oben vorarbeiten. Alle Schlingen so lange auf einer Nadel halten, bis sie alle zusammengestrickt werden.

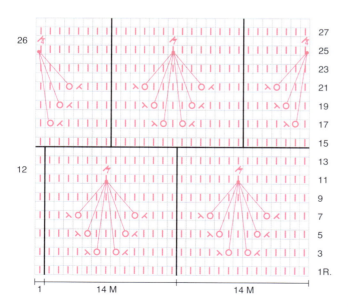

Croissants

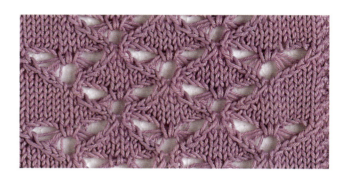

Die Maschenzahl muss durch 12 teilbar sein, plus 2 Randmaschen.

1. Reihe: Alle Maschen rechts stricken.
2. Reihe: Alle Maschen links stricken.
3. Reihe: 1 Randm, *4 M re, 2 M li zus-str, 1 Umschl, 1 Überz, 4 M re*, 1 Randm.
4. Reihe: 1 Randm, *3 M li, 2 M li verschr zus-str, Umschläge aus der vorherigen Reihe fallen lassen, 1 doppelter Umschl, 2 M li zus-str, 3 M li*, 1 Randm.
5. Reihe: 1 Randm, *2 M re, 2 M re zus-str, doppelte Umschläge aus der vorherigen Reihe fallen lassen, 1 dreifacher Umschl, 1 Überz, 2 M re*, 1 Randm.
6. Reihe: 1 Randm, *1 M li, 2 M li verschr zus-str, dreifache Umschläge aus der vorherigen Reihe fallen lassen, 1 vierfacher Umschl, 2 M li zus-str, 1 M li*, 1 Randm.
7. Reihe: 1 Randm, *1 M re zus-str, vierfache Umschläge aus der vorherigen Reihe fallen lassen, 1 Schmetterling (= 1 M re aus den 4 Querfäden

Das ABC des Strickens

der Fallmasche über 4 Reihen stricken, 1 Umschl, 1 M re aus den vier Querfäden der Fallmasche über vier Reihen stricken), 1 vierfacher Umschl, 1 Überz*, 1 Randm.

8. Reihe: 1 Randm, *1 M li in jeden der 4 Umschläge, 1 M li verschr, 2 M li zus-str, 1 M li in jeden der 4 Umschläge, 1 M li verschr, 1 M li*, 1 Randm.

9. Reihe: 1 Randm., *6 M re, *4 M re, 2 M re zus-str, 1 Umschl, 1 Überz, 4 M re*, 6 M re und 1 Randm.

10. Reihe: 1 Randm, *6 M li, *3 M li, 2 M li verschr zus-str, 1 Umschl fallen lassen, 1 doppelter Umschl, 2 M li verschr zus-str, 3 M li*, 6 M li und 1 Randm.

11. Reihe: 1 Randm, *6 M re, *2 M re, 2 M re verschr zus-str, doppelten Umschl fallen lassen, 1 dreifacher Umschl, 1 Überz, 2 M re*, 6 M re und 1 Randm.

12. Reihe: 1 Randm, *6 M li, *1 M li, 2 M li verschr zus-str, dreifachen Umschl fallen lassen, 1 vierfacher Umschl, 2 M li zus-str, 1 M li*, 6 M li und 1 Randm.

13. Reihe: 1 Randm, 6 M re, *2 M re zus-str, vierfachen Umschl fallen lassen, 1 vierfacher Umschl, 1 Schmetterling, 1 vierfacher Umschl, 1 Überz*, 6 M re und 1 Randm.

14. Reihe: 1 Randm, 6 M li, *1 M li, 1 M li verschr in jeden der 4 Umschläge, 2 M li zus-str, 1 M li, 1 M li verschr in jeden der 4 Umschläge, 1 M li*, 6 M li und 1 Randm.

15. Reihe = 3. Reihe.

Ratschläge

Die Wahl des richtigen Strickmusters ist entscheidend und muss auch auf das Garn abgestimmt werden. So ist es unnötig, sich mit Fantasiemustern abzumühen, wenn diese nachher mit Ihrem Garn nicht zu erkennen sind, oder aufwendige Lochmuster zu stricken, wenn Sie eine grobe Wolle verwenden. So sind z. B. ansonsten dekorative Rippenmuster in zu weicher Wolle nicht mehr zu sehen.

Bei Lochmustern sind auch der Maschenanschlag und die 1. Reihe von enormer Wichtigkeit, denn beide zusammen sollten – so wie auch das gesamte Lochmuster – weich und elastisch sein.

Wenn Sie Strickteile aus langhaariger Wolle waschen wollen, wie z. B. aus Mohair sollten Sie beim Ausspülen immer einen Löffel Haarshampoo beigeben.

Rippenmuster sind immer querelastisch. Die Rippen bestehen aus rechten und linken Maschen, die sich abwechseln. Je größer die Anzahl an gleich gerichteten Maschen hintereinander ist, umso weniger elastisch wird das Strickteil. Um also eine gute Elastizität zu erreichen, sollten Sie für die Bündchen und Blenden immer Nadeln nehmen, die etwas dünner sind als die, mit denen Sie den ganzen Hauptteil gestrickt haben.

Diagonalmuster sind meistens nach rechts, links oder alternativ in beide Richtungen geneigt. Muster, die sich nur in eine Richtung neigen, tendieren dazu, schief zu werden. Um das zu vermeiden, reicht es meistens schon, stark verdrehte Garne zu wählen. Nehmen Sie auch Nadeln, die eine Nummer dünner sind und achten Sie schon vor der Fertigung auf die richtige Formgebung.

Wenn Sie Schwierigkeiten haben, einem Strickmuster zu folgen, versuchen Sie es einmal mit einer vergrößerten Fotokopie und streichen dann Reihe um Reihe mit einem Textmarker durch. So können Sie immer noch die Muster nachverfolgen, wissen aber gleichzeitig genau, wie weit Sie im Muster vorwärts gekommen sind.

Unter den Strickmustern gibt es auch sogenannte Aranmuster. Dies sind Musterkombinationen, die sich auf Pullovern aus Irland finden. Hierfür werden Glattstrick, Krausstrick, Perlmuster und dann natürlich auch Zopfmuster vielfältig miteinander kombiniert, wodurch sich immer wieder neue Basismuster ergeben. Die Ärmel sind meistens einfacher gehalten und nehmen nur 1 oder 2 Einzelmuster auf.

Ein Pullover mit Aranmuster kann ganz nach Belieben zusammengestellt werden, wenn dabei einige grundsätzliche Regeln beachtet werden: Es sollte immer nur ein Hauptmotiv geben, von dem aus ruhig mehrere Strickmuster symmetrisch auf den Seiten verteilt werden dürfen.

Wenn Sie komplizierte Muster stricken wollen, wie z. B. die Aranmuster, die sich über mehrere Reihen entwickeln, bereiten Sie sich ein Arbeitsblatt vor und markieren Sie nach und nach die einzelnen Arbeitsschritte.

Hängen Sie Ihr Selbstgestricktes nach dem Waschen niemals auf einem Kleiderbügel auf!
Die Teile sollten nach dem Waschen auch nicht ausgewrungen werden, das überschüssige Wasser wird nur ausgedrückt. Dann die Strickteile

zwischen zwei Frotteehandtücher legen, zusammenrollen und pressen. Anschließend breiten Sie sie in Form auf einem trockenen Handtuch aus und lassen sie trocknen.
Legen Sie die Teile zum Trocknen immer in den Schatten und weit entfernt von anderen Hitzequellen, wie Kaminofen oder Heizkörper.

Bügeln Sie Strickteile immer von links und ohne allzu großen Druck, damit die Muster nicht plattgedrückt werden. Bei bereits trockener Wolle können Sie das Dampfbügeleisen benutzen, bei noch feuchter Wolle bügeln Sie ohne Dampf.

KRAGEN, ÄRMEL & CO.

Passformen und Maße

Bevor Sie mit dem Stricken loslegen, müssen Sie Ihre Maße mit denen vergleichen, die im Schnittmuster für Ihre Größe angegeben werden.

Bei handgestrickten Modellen haben Sie durchaus die Möglichkeit, Ihr Modell so zu gestalten, dass es an Ihnen perfekt sitzt. So können Sie z. B. beim Hüftumfang noch 1 bis 10 cm zugeben, wenn es zum Modell, zum Stil und zum gewählten Garn passt, und Sie Ihre Kleidung eher locker umspielend bevorzugen.

Beispielsweise sollte ein Cardigan lockerer sitzen als ein Pullover, wohingegen eine Weste passgenauer sitzen muss als ein Pullover.

Auch muss die persönliche Oberweite genau beachtet werden, Raglanärmel können weiter sein als rundgestrickte Ärmel.

Bei der Passform spielt auch die Wahl des Garns eine entscheidende Rolle. Voluminöse Garne brauchen mehr Spielraum als dünne Garne. Letztendlich ist aber alles eine Frage Ihres persönlichen Geschmacks.

So nehmen Sie richtig Maß

Verwenden Sie ein Maßband und messen Sie folgende Körpermaße:

Halsweite: Messen Sie an der dicksten Stelle rund um den Hals.
Schulterbreite: Messen Sie vom Halsansatz bis zur äußersten Spitze des Schulterknochens.
Oberarmweite: Messen Sie an der stärksten Stelle rund um den Oberarm.
Oberweite: Messen Sie an der stärksten Stelle locker über dem Busen und unter den Armen.
Taille: Legen Sie ein Stück Schnur locker um die Taille und messen den Umfang.
Hüfte: Messen Sie ca. 18 cm unterhalb der Taille an der stärksten Stelle.
Brustbreite: Messen Sie zwischen den äußersten Spitzen der Schulterknochen quer über die Brust (für den Ausschnitt noch etwas Weite zugeben).

Größentabelle

Vergleichen Sie Ihre gemessenen Körpermaße mit denen in der Maßtabelle und wählen Sie dabei die Größe, die Ihren Maßen am nächsten kommt. Bedenken Sie immer, dass es sich hierbei um Standardmaße handelt. Für einen perfekt sitzenden Schnitt sind Ihre eigenen Maße immer noch die beste Voraussetzung.

DAMEN: Alle Maße in cm				
Damengrößen	36/38	40/42	44/46	48/50
Brustumfang	90–94	98–102	106–110	114–120
Taillenumfang	74–76	80–84	88–92	96–100
Hüftumfang	90–92	96–100	104–108	112–116
Brustbreite	35–36	37–38	39–40	41–42
Rückenlänge	50–51	52–53	54–55	56–57
Armlänge	57–58	58–59	59–60	60–61

HERREN: Alle Maße in cm			
Herrengrößen	44/46	48/50	52/54
Körpergröße	170/172	174/176	178/180
Brustumfang	88–92	96–100	104–108
Taillenumfang	82–86	88–92	96–100
Hüftumfang	94–98	102–106	110–114
Brustbreite	38–39	40–41	42–43
Rückenlänge	45–46	47–48	49–50
Armlänge	62–63	63–64	64–65

Kragen, Ärmel & Co.

Vordere Rumpflänge: Messen Sie vom Halsansatz über die Brustspitze bis zur Taille.
Vordere Länge: Messen Sie vom Halsansatz über die Brustspitze bis zur Hüfte.
Vordere Hüftlänge: Messen Sie von der Taille über die Hüfte bis zur gewünschten Bekleidungslänge.
Hintere Rumpflänge: Messen Sie vom Halsansatz bis zur Taille; messen Sie die maximale Länge zwischen Taille und Becken an der stärksten Stelle.
Gesamtlänge: Messen Sie ab Halsansatz bis zum Bund.
Armlänge: Messen Sie bei leicht gebeugtem Ellenbogen von der Achselhöhle bis zum Handgelenk.

Maß nehmen vom Kleidungsstück
Legen Sie das Kleidungsstück flach ausgebreitet auf einen Tisch und achten Sie darauf, dass die Nähte gerade übereinanderliegen. So können Sie folgende Maße abnehmen:
- Schulter
- vordere Breite (ohne Armloch)
- Kragenhöhe
- Brustbreite (mit Armloch)
- Höhe (bis zum Armloch)
- Gesamthöhe
- Armlänge
- Armbreite (an der breitesten Stelle)
- Armbreite (an der engsten Stelle)

Gerader Ärmelansatz und rechteckiger Halsausschnitt

Die Schnittlinien sind gerade und „kastenförmig".
Vorder- und Rückenteil sind gleich, sowohl bei den Armausschnitten als auch bei der Schulterlinie. Die Ärmel sind leicht dreieckig und verbreitern sich gleichmäßig nach oben bis zum Armausschnitt. Im Unterarmbereich gibt es keine Maschenzunahme. Der Halsausschnitt muss vorn etwas tiefer sein als hinten und kann entweder während des Strickens direkt abgekettet oder nach der Fertigstellung separat beendet werden.

Kragen, Ärmel & Co.

Der gerade Armausschnitt

Ein gerader Armausschnitt ist der einfachste Ausschnitt für die Ärmel und bietet sich für alle Neueinsteiger an. Es reicht, die Maschen an Schulter und Hals in der im Schnitt vorgegebenen Höhe abzuketten (oder auf einem Maschenraffer stillzulegen).

Vorder- und Rückenteil sind gleich.

Die Ärmel sind gerade und werden nach oben hin ein wenig weiter; stricken Sie die letzten 4–5 cm ohne Maschenzunahme genauso tief wie den Armausschnitt und ketten Sie dann alle Maschen auf einmal ab.

Achtung: Entlang der Armausschnittkanten und des Halsausschnittes sollten die Randmaschen wie folgt gestrickt werden: Die 1. Masche rechts abheben und die nachfolgende Masche links stricken; die vorletzte Masche links stricken und die letzte Masche wieder rechts abheben. In der Rückreihe auf der linken Seite die 1. beiden und die letzten beiden Maschen links stricken.

Auf diese Art können die Nähte perfekt angepasst werden und nehmen ohne Spannung die Maschen auf, wenn Sie später noch Ausschnittblenden anbringen wollen.

Maschen abgekettet

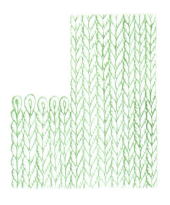

Maschen bleiben frei

Für Fortgeschrittene

- Die Maschen an den Schulternähten mit der Nadel nähen, so bleibt die Naht schön flach.
- Die Maschen der Ärmel entlang der Armausschnittkanten (nach dem Zusammennähen der Schulternähte) aufnehmen und in entgegengesetzter Richtung, also von oben in Richtung Ärmelbündchen, nähen (Maschenzunahmen und Abnahmen mit einbeziehen).

Der rechteckige Halsausschnitt

Damit Sie wissen, wie viele Maschen Sie für den Halsausschnitt zur Verfügung haben und wie viele Maschen Sie abketten müssen, gehen Sie wie folgt vor:

Für die Breite des Halsausschnitts: Nachdem Sie die Ärmelausschnitte gemacht haben, teilen Sie die verbliebenen Maschen in 3 gleiche Teile auf. Ein Teil entspricht dem Halsausschnitt und die beiden anderen jeweils der Schulterbreite.

Für die vordere Tiefe des Halsausschnitts: Kalkulieren Sie ungefähr die halbe Höhe des Armlochs.

Für die hintere Tiefe des Halsausschnitts: Kalkulieren Sie ungefähr die Höhe der noch anzusetzenden

Kragen, Ärmel & Co.

Blende, die vorn und hinten gleich hoch sein muss (besser Sie stricken die Blende vorn und hinten gleichzeitig).

Und so geht's:
Der Halsausschnitt an Vorder- und Rückenteil ist praktisch gleich breit, denn die Schulternähte müssen übereinstimmen; der einzige Unterschied ist die Tiefe des Halsausschnitts.

Rückenteil: Arbeiten Sie sich bis ca. 3 cm unter dem Beginn des Schulterbereichs vor, dann legen Sie die Maschen, die Sie für den Halsausschnitt berechnet haben, auf einem Maschenraffer still. Stricken Sie das rechte und linke Rückenteil getrennt weiter nach oben und ketten die Maschen an den Schulterkanten ab (oder lassen sie offen und nähen sie später mit den Maschen am Vorderteil zusammen).

Vorderteil: Arbeiten Sie sich bis ca. 9 cm unter dem Schulterbeginn vor, dann legen Sie die Maschen, die Sie für den Halsausschnitt berechnet haben, auf einem Maschenraffer still. Stricken Sie das rechte und linke Vorderteil bis zum Schulterbeginn getrennt weiter nach oben und ketten die Maschen an den Schulterkanten ab (oder lassen sie offen und nähen sie später mit den Maschen am Rückenteil zusammen).

Für diese Form des Halsausschnitts sind flache Blenden am besten, z. B. in Krausstrick, Perlmuster oder in irgendeinem Fantasiemuster, solange es nur wenig elastisch ist.

Das Einfachste ist es, die Ausschnittblende direkt zusammen mit dem Halsausschnitt zu stricken. Dafür beginnen Sie einige Reihen vor dem Abketten, an der mittleren Maschengruppe für den Halsausschnitt mit dem Muster für die Ausschnittblende, dann an beiden Seiten getrennt so viele Reihen hochstricken, wie die Blende nachher breit sein soll.

Blendenlösungen

Der Halsausschnitt eines Pullovers oder einer Jacke kann auf verschiedene Arten gearbeitet werden und mit einer einfachen Blende bis hin zu einem komplizierten Kragen versehen werden. Das können Sie entweder mit einzelnen Nadeln oder einem Nadelspiel handhaben.

Blende im Perlmuster: Dieser Abschluss ist der einfachste. Hier müssen Sie die Maschen entlang des Halsausschnittes an den Kanten an Vorder- und Rückenteil getrennt aufnehmen und im Perlmuster ca. 2 cm hochstricken. Die Maschen so abketten, wie sie erscheinen. Am Ende wird die untere Blende über die seitliche Blende gelegt und versteckt festgenäht oder mit einem Knopf befestigt.

Eckiger Halsausschnitt mit Rippenmuster 1/1: Für die Blende alle Halsausschnittmaschen auffassen, dabei an einer Schulter beginnen. Mit einem Stückchen Garn in Kontrastfarbe die mittleren Maschen an den 4 Ecken des Halsausschnitts kennzeichnen, weil diese immer rechts gestrickt werden müssen und dann rechts und links im Wechsel die Rippen 1/1 hochstricken.

An den Ecken: 2 Maschen seitlich der mittleren Eckmaschen abnehmen: 2 M re abheben, so als wollten Sie sie zusammenstricken, 1 M li, die beiden abgehobenen Maschen darüberziehen. Diese Abnahme wiederholen Sie jede 2. Reihe bis zur gewünschten Blendenhöhe und ketten dann die restlichen Maschen ab, oder stricken die letzten 3 Reihen mit der Rundstricknadel hoch und ketten die Maschen mit der Nähnadel ab.

Blende im Krausstrick: Für die Blende alle Halsausschnittmaschen auffassen, dabei an einer Schulter beginnen. Die Eckmaschen wie für den

eckigen Halsausschnitt mit Rippenmuster 1/1 beschrieben abnehmen. Die Maschen nur an den rechts zu strickenden Reihen abnehmen, nur auf der rechten Seite und nie auf der Rückreihe.
Diese Abnahme wiederholen Sie jede 2. Reihe bis zur gewünschten Blendenhöhe und ketten dann die restlichen Maschen auf der rechten Seite ab.

Blende im Rippenmuster 1/1

Blende im Perlmuster

Blende im Krausstrick

Runder Armausschnitt

Ein solcher eingesetzter Ärmel mit Armkugel sitzt mehr oder weniger figurnah und ist geeignet für gerade oder leicht taillierte Oberbekleidung.
Vorder- und Rückenteil sind gleich, sowohl beim Armausschnitt als auch bei den geraden oder schrägen Schulterkanten. Die Ärmel beginnen beim Handgelenk und haben eine nach oben hin zulaufende Armkugel. Der V-Ausschnitt hingegen kann entweder lang sein, dann beginnt er in Höhe der Achsel, oder kürzer, dann beginnt er auf halber Armkugelhöhe. Für die Blende werden die Maschen entweder abgekettet oder stillgelegt.

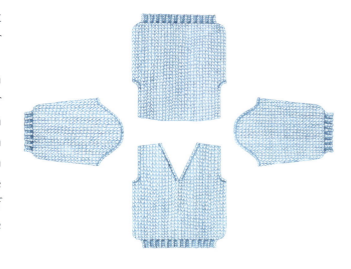

Kragen, Ärmel & Co.

Für diesen Armausschnitt werden für den Armumfang unter der Achsel ca. 5 bis 6 cm bei Erwachsenen und 3 bis 4 cm bei Kindern kalkuliert werden.
Vorder- und Rückenteil sind gleich. Ketten Sie in der Anfangsreihe für den Armausschnitt 4 Maschen auf einmal ab, und dann jeweils vier- oder fünfmal 1 Masche. Diese Maschenabnahmen können Sie an beiden Seiten des Strickteils gleichzeitig jeweils alle 2 Reihen vornehmen.
Ärmel: Die Armausschnitte müssen vorn und hinten übereinstimmen, d. h. dass Sie vorn und hinten auch immer die gleiche Anzahl an Maschen abketten müssen.
Für die Armkugel nehmen Sie so lange in jeder 2. Reihe immer 1 Masche an der Seite ab, bis nur noch eine ca. 5 cm lange Maschengruppe übrig ist, die dann auf einmal abgekettet wird.

Für Fortgeschrittene

- Nehmen Sie nicht die letzte Masche ab, sondern die 2. oder 3. vor der letzten. So erhalten Sie nicht nur einen dekorativen, sondern auch sehr regelmäßigen Rand, der sich später perfekt vernähen lässt.
- Legen Sie die Maschen der Ärmel nach Fertigstellung still und nähen Sie zuerst die Schulternähte zusammen. Dann können Sie den Ärmel direkt Masche für Masche an den Armausschnitt stricken.

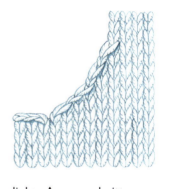 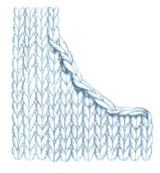

linker Armausschnitt   rechter Armausschnitt

Der V-Ausschnitt

Es gibt ganz viele verschiedene Formen von V-Ausschnitten und je nachdem wie flach oder tief der Ausschnitt werden soll, müssen mehr oder weniger Maschen abgenommen werden.
Ist der V-Ausschnitt einfach in der Mitte geteilt, schlagen Sie eine gerade Anzahl von Maschen auf. Soll unten in der Ausschnittmitte noch eine zentrale Masche stehen bleiben, schlagen Sie hingegen eine ungerade Maschenanzahl auf und legen diese Zentralmasche still.
Soll das „V" geneigt oder schräg sein, stricken Sie die beiden Seiten getrennt hoch, wobei Sie die Maschen so lange in regelmäßigen Abständen abnehmen müssen – meistens eine Masche alle 4 Reihen – bis nur noch die Maschen für den Ausschnitt übrig sind. Für eine Rippenblende 1/1 am V-Ausschnitt (oder 2/2) mit Abnahmen in der vorderen Mitte, bleibt in der Mitte 1 Masche übrig (1/1) oder entsprechend 2 Maschen (2/2): Von dort aus werden die Maschen abgenommen. Wenn der V-Ausschnitt nicht spitz zuläuft, legen Sie so viele Maschen still, wie Sie für die Blende brauchen. Wenn Sie die Blende erst später annähen wollen, teilen Sie die Maschen des Strickteiles

einfach durch 2 und stricken die beiden Seiten getrennt bis zur Schulter hoch. Um einen regelmäßigen Rand zu erhalten, nehmen Sie besser die vorletzte Masche ab, oder die 2. oder 3. für einen Dekorrand.

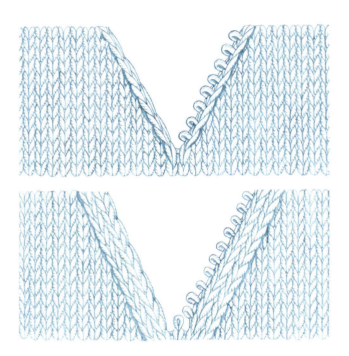

Und so geht's:
Rückenteil: Die Maschen für den Halsausschnitt abketten oder auf einem Maschenraffer stilllegen.
Vorderteil: In 2 gleiche Hälften teilen und je nach Blende 1 oder 2 Maschen in der Mitte auf einer Sicherheitsnadel stilllegen.
Linke Hälfte: Auf der rechten Seite in jeder Reihe, in der eine Abnahme erfolgen soll, alle Maschen bis auf die letzten 3 rechts stricken, dann 2 Maschen rechts zusammenstricken und 1 Masche rechts stricken.
In der Rückreihe alle Maschen links stricken.
Rechte Hälfte: Auf der linken Seite in jeder Reihe, in der eine Abnahme erfolgen soll, 1 Masche rechts und einen einfachen Überzug stricken und die Reihe dann zu Ende stricken. In der Rückreihe alle Maschen links stricken. Wenn alle Maschen für den Ausschnitt abgenommen worden sind, bis zur Schulternaht rechts weiterstricken. Wenn der V-Ausschnitt hingegen flach werden soll, d. h. ungefähr auf halber Armlochhöhe enden soll, müssen Sie die Maschen genau so abnehmen, allerdings nur in jeder 2. Reihe.

Die Ausschnittblenden

Sie können die Ausschnittblende entweder im Rippenmuster 1/1 oder 2/2 mit Maschenabnahme in der Mitte stricken oder ohne Maschenabnahme im Glattstrick.

Wenn Sie den Ausschnitt mit nur 2 Nadeln stricken wollen, müssen Sie zunächst Vorder- und Rückenteil an einer Schulter zusammennähen. Wenn Sie den Ausschnitt rund stricken wollen, also mit der Rundstricknadel oder einem Nadelspiel, können Sie beide Schulterbereiche zusammennähen.

Rippenblenden mit Maschenabnahme in der Mitte: Nehmen Sie mit einer Rundstricknadel von einer Schulter beginnend alle Maschen um den Halsausschnitt auf.
Rippenmuster 1/1: Stricken Sie die mittlere Masche glatt rechts. In den Vorwärtsreihen rechts nehmen Sie die Maschen an den Seiten der Zentralmasche wie folgt ab: Heben Sie die Zentralmasche und die nächste Masche rechts ab, stricken Sie die nächste Masche rechts und ziehen Sie die beiden Maschen über die zuletzt gestrickte Masche.
Rippenmuster 2/2: Stricken Sie die beiden mittleren Maschen rechts; nehmen Sie jeweils 1 Masche seitlich davon ab, indem Sie jeweils die 1. mit der seitlichen Masche rechts zusammenstricken, danach stricken Sie einen einfachen Überzug mit der 2. Masche und der folgenden. Ketten Sie die Maschen so ab, wie sie erscheinen, oder Sie stricken mit 2 bis 3 Nadeln rund und nähen die Maschen dann mit der Nadel ab.

Kragen, Ärmel & Co.

Ausschnittblenden ohne Maschenabnahme in der Mitte: Nehmen Sie von der Mitte beginnend alle Maschen auf. Wenn die Schultern noch nicht vernäht sind, nehmen Sie die Maschen in 2 Schritten auf.

Rippenmuster 1/1 oder 2/2: Nehmen Sie die Maschen auf und stricken Sie das Rippenmuster ca. 2 cm hoch. Ketten Sie dann die Maschen ab.

Glattstrick: Nehmen Sie die Maschen entlang des Halsausschnitts auf und stricken Sie ca. 2 cm im Glattstrickmuster hoch. Ketten Sie dann die Maschen ohne starke Spannung ab.

Danach nähen Sie die beiden Seitenblenden in der Mitte unten entweder diagonal von links aneinander oder Sie nähen die beiden Enden in der Mitte überlappend übereinander am Ausschnitt fest.

Rippenmuster 1/1

Glattstrickmuster

Rippenmuster 2/2

Halbraglanärmel

Die Schnittführung ist gerade, und die Schulter fällt leicht in Armrichtung ab. Die Armausschnitte sind vorn und hinten gleich. Die Armkugeln sind hinten und vorn nur leicht angedeutet und enden gerade. Der Ausschnitt für den Polokragen ist am oberen Rand leicht abgerundet und hat eine mittlere Öffnung für die Frontblenden, die später mehr oder weniger großzügig mit Knöpfen verschlossen werden oder einfach in der Mitte überlappen. Dazu wird noch ein Kragen gestrickt. Für diese Lösung werden die Maschen entlang der Ausschnittkante aufgenommen.

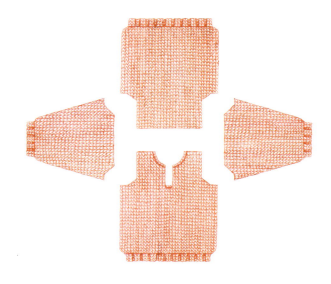

Diese Ärmellösung liegt – wie der Name schon sagt – zwischen dem geraden und dem Raglanärmel.

Vorder- und Rückenteil sind gleich. Ketten Sie in der Anfangsreihe für den Armausschnitt nur wenige Maschen auf einmal ab (oder legen diese still), und dann alle 2 Reihen bis auf die Höhe von 5 cm jeweils 1 Masche; achten Sie darauf, dass Ihr Strickteil symmetrisch bleibt (rechts mit einfachem Überzug und links, indem immer 2 Maschen zusammengestrickt werden).

Stricken Sie, ohne weitere Maschen abzunehmen, so lange glatt rechts hoch, bis Sie die nötige Höhe für den geraden Abschluss erreicht haben.

Ärmel: Ketten Sie an beiden Ärmelseiten auf der linken und rechten Seite die gleiche Anzahl an Maschen ab, dann nehmen Sie 5 cm lang alle 2 oder mehr Reihen jeweils 1 Masche links und rechts ab. Am Ende nehmen Sie alle verbliebenen Maschen auf einmal ab. Achten Sie dabei darauf, dass die Abnahmen vorn und hinten übereinstimmen müssen, minus 1 cm.

Für Fortgeschrittene

- Nehmen Sie die die Maschen um das Armloch innerhalb der 2. oder 3. Masche, nicht in der letzten Masche, ab.
- Legen Sie die Maschen der Ärmel nach Fertigstellung still und nähen Sie zuerst die Schulternähte zusammen. Dann können Sie den Ärmel direkt Masche für Masche an den Armausschnitt stricken.

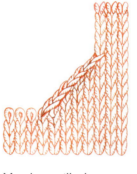 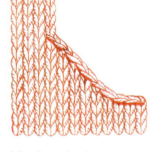

Maschen stillgelegt   Maschen abgekettet

Der Polokragen

Diese Kragenlösung bietet außer der klassischen Lösung mit Knopfverschluss noch weitere Varianten, z. B. den Serafinokragen (kurze oder lange Knopfleiste vorn und flache Kragenblende um den Halsausschnitt ohne Kragenteil), den überlappenden Schalkragen oder den einfachen Reißverschluss.

Und so geht's:

Die Ausschnittöffnung beginnt etwas über der Achselhöhle und verläuft beidseitig getrennt

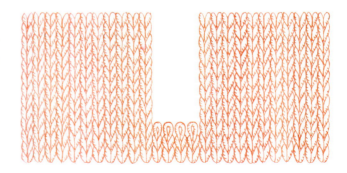

gerade nach oben bis zum Halsausschnitt, der wie der runde Halsausschnitt gestrickt wird.

Kragen, Ärmel & Co.

Rückenteil: Der Halsausschnitt muss nicht abgerundet sein und die Schultern sind gerade, sodass Sie alle Maschen auf einmal abketten oder stilllegen können.

Vorderteil: Das vordere Strickteil müssen Sie bis zum Beginn der Frontblende hochstricken. Dann ketten Sie die 4 (oder 6) mittleren Maschen ab (oder legen diese still), je nachdem wie breit Ihre Frontblende werden soll.

Arbeiten Sie dann rechts und links getrennt bis zum Halsansatz weiter. Legen Sie dann in jeder Reihe wie folgt die Maschen still: einmal 4 Maschen, einmal 3 Maschen, einmal 2 Maschen und siebenmal 1 Masche. Legen Sie diese Maschen auf ein Stück Garn in Kontrastfarbe, damit sie nicht fallen können.

Stricken Sie gerade bis zur Schulterkante hoch und legen dann auch diese Maschen still. Dazu können Sie auch ein Stück Garn oder einen Maschenraffer benutzen.

In der gleichen Weise stricken Sie die andere Seite und legen dafür immer die entgegengesetzten Maschen still. Am Ende nähen Sie die Maschen an der Schulterkante von Vorder- und Rückenteil zusammen.

Ausschnitt mit Zipper: Wenn Sie eine einfachere Verschlusslösung wollen, stricken Sie das Strickteil bis zum Beginn der Ausschnittöffnung hoch, teilen die Maschen hälftig und arbeiten rechts und links getrennt weiter, wobei Sie an der rechten und linken Kragenöffnung einen einfachen oder doppelten Knötchenrand stricken sollten. Nach Fertigstellung nähen Sie den Reißverschluss ein.

Kragenlösungen

Der Halsausschnitt eines Pullovers oder einer Jacke kann auf verschiedene Arten gearbeitet werden, und die Blende oder der Kragen wird gleichzeitig angestrickt oder später angesetzt. Auf jeden Fall dürfen die entsprechenden Knopflöcher nicht fehlen, wenn die Frontblende später mit Knöpfen verschlossen werden soll.

Integrierte Blende: Diese Blenden werden sofort im Vorderteil mitgestrickt. Schlagen Sie in der Mitte Ihres Strickteils in Höhe der Armausschnitte halb so viele Maschen an, wie für die Frontblendenöffnung nötig sind, z. B. 4 Maschen für eine 8-Maschen-breite Blende, und stricken dann rechts und links getrennt weiter, wobei Sie die ersten 8 Maschen immer im Blendenmuster stricken müssen.

Stricken Sie zuerst den Teil ohne Knopflöcher. Für die andere Seite schlagen Sie 4 Maschen an und stricken die Knopflöcher in der Mitte. An Ende legen Sie die beiden Blenden übereinander und können so die Knöpfe exakt in der Mitte der Knopflöcher positionieren. Dann erst stricken Sie die Halsblende im gleichen Blendenmuster.

Separat gestrickte Blende: Nehmen Sie die an der Frontöffnung stillgelegte Maschengruppe auf einer Seite auf und stricken Sie die Frontblende. Stricken Sie danach die andere Frontblende mit den Knopflöchern und zum Schluss die Halsausschnittblende.

Mit Kragenblende: Nehmen Sie die am Halsausschnitt stillgelegten Maschen auf und stricken die Kragenblende im Blendenmuster bis zur gewünschten Höhe. Zum Schluss stricken Sie

2 bis 3 cm rund hoch und ketten die Maschen mit einer Nadel ab.

Mit Reißverschluss: Stricken Sie das Strickteil bis zum Beginn der Ausschnittöffnung hoch, teilen die Maschen hälftig und arbeiten rechts und links bis zum Halsausschnitt getrennt weiter. Nehmen Sie die am Halsausschnitt stillgelegten Maschen auf und stricken im Rippenmuster 1/1 bis zur gewünschten Höhe hoch. Am Ende stricken Sie 2 bis 3 Reihen rund und ketten die Maschen mit einer Nadel ab. Nähen Sie zum Schluss den Reißverschluss zwischen Kragenblende und unterer Frontöffnung ein.

Mit Kragenblende

Separat gestrickte Blende

Mit Reißverschluss

Raglanärmel

Die Schnittführung der Modelle mit Raglanärmeln ist bequem und weit. Die Maschen werden in einer Diagonale bis zum Halsausschnitt bei **Vorder- und Rückenteil** gleich abgenommen. Der hintere **Halsausschnitt** ist gerade, der vordere Halsausschnitt leicht gerundet; außerdem ist er vorn etwas tiefer als hinten. Die **Ärmel** setzen vorn und hinten die diagonale Linienführung fort und enden an der Schulter mit einer bestimmten Maschenzahl, die gleichzeitig dem Halsausschnitt zugeschlagen wird. Es gibt mehrere **Blendenlösungen**: Entweder wird die Blende separat gestrickt oder mit den Randmaschen angestrickt.

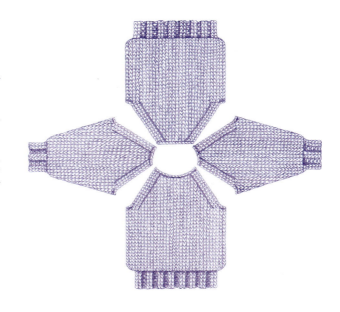

Kragen, Ärmel & Co.

Raglanärmel sind für bequeme Freizeit- und Sportkleidung geeignet. Für das Vorder- bzw. Rückenteil wird die Maschenanzahl durch 3 geteilt: 2 gleiche Teile für jeden Raglanärmel und 1 für den Halsausschnitt.

Ketten Sie die Maschen an den Ärmeln zuerst ab und nehmen dann so wie bei Vorder- und Rückenteil die Maschen ab.

Rückenteil: Wenn Sie in Höhe der Achseln angekommen sind, die meistens etwas tiefer liegen als bei Pullovern mit Rundhalsausschnitt, nehmen Sie an den Seiten jeweils 3 Maschen ab, und dann so lange alle 2 Reihen jeweils 1 Masche, bis Sie beim Halsausschnitt angekommen sind. Nehmen Sie die Maschen jeweils aus der 2. oder 3. Masche ab, damit Sie einen geraden, dekorativen Rand erhalten.

Vorderteil: Das Vorderteil wird im Prinzip genauso gestrickt wie das Rückenteil, aber beginnen Sie mit dem Abketten ca. 2 cm tiefer als beim Rückenteil, weil der Raglanärmel hinten ungefähr 1 bis 2 cm länger ist als vorn. So verhindern Sie, dass der Halsausschnitt hinten nach unten gezogen wird. Stricken Sie auf ca. zwei Drittel Höhe des Armausschnitts gleichzeitig auch den Halsausschnitt.

Ärmel: Egal wie diese später aussehen sollen, Sie müssen zu Beginn des Armausschnittes die gleiche Anzahl Maschen vorn und hinten für den Raglanärmel abnehmen können und zusätzlich noch ungefähr 10 Maschen für den Halsausschnitt übrig halten. Achten Sie dabei darauf, dass die Abnahmen vorn und hinten mit den Schulterkanten übereinstimmen.

Für Fortgeschrittene

Stricken Sie auf den Randmaschen noch ein kleines Zöpfchen. Das gibt Ihrem Kleidungsstück später ein raffiniertes Aussehen. Die Maschenabnahmen machen Sie dann innerhalb dieser Zöpfchen.

Maschen stillgelegt   Maschen abgekettet

Runder Halsausschnitt

Der Halsausschnitt für den Raglanärmel ist hinten ganz gerade, wohingegen er vorn auf ungefähr zwei Drittel Höhe zwischen Armausschnitt und Schulter beginnt.

Und so geht's:
Rückenteil: Ketten Sie die Maschen, die nach der Abnahme für den Halsausschnitt übrig sind, ab, oder legen diese auf einem Maschenraffer still.

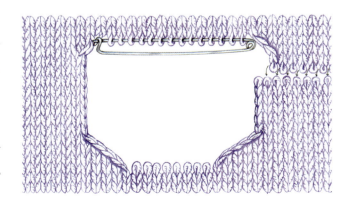

Vorderteil: Legen Sie die für den Halsausschnitt notwendigen Maschen in der Mitte still. Wenn Sie einen eher engen Halsausschnitt wollen, legen Sie 8 Maschen weniger still, bei einem großzügigeren Halsausschnitt rechnen Sie besser mit 12 Maschen weniger für die Seitenteile.

Stricken Sie rechts und links des Halsausschnittes getrennt weiter und nehmen Sie für den Halsausschnitt vier- oder sechsmal alle 2 Reihen eine Masche ab. Vorder- und Rückenteil müssen symmetrisch sein. Stricken Sie rechts des Halsausschnittes 2 Maschen zusammen und links machen Sie einen einfachen Überzug.

Damit der Rand schön regelmäßig wird, nehmen Sie die Masche innerhalb der 1. Masche ab; oder innerhalb der 2. und 3. Masche, wenn Sie einen Dekorrand möchten.

Bei Raglanärmeln ist der Halsausschnitt vorn fast gar nicht betont, weil die zwei- oder dreimal abgeketteten Randmaschen der Ärmel den Halsausschnitt formen.

Ärmel: Für die Ärmel beginnen Sie, die Maschen in Höhe der Unterkante des Armausschnittes abzuketten und dann entsprechend des Vorder- und Rückenteils die Maschen abzunehmen. Achten Sie darauf, dass Schulterkante und Ärmelkante genau übereinstimmen, weil Sie diese nachher passgenau zusammennähen müssen.

Die Ausschnittblenden

Denken Sie daran, dass Sie hinterher den Pullover über den Kopf ziehen müssen, d. h. die Ausschnittöffnung muss groß genug sein. Wenn entweder das Blendenmuster oder Ihr Garn wenig elastisch ist, legen Sie die mittleren Halsausschnittmaschen vorn und hinten still. Wenn Sie aber Garn verwenden, das leicht nachgibt, querelastische Muster stricken, oder der Halsausschnitt sehr weit ist, nehmen Sie die Maschen unterhalb der abgeketteten Maschen auf, damit der Rand fester und weniger elastisch wird. Eine runde Ausschnittblende wird ohne Maschenabnahme bis zur gewünschten Höhe gestrickt.

Lassen Sie die hintere Ärmelkante offen und nehmen Sie die Maschen wieder auf. Hierbei arbeiten Sie mit 2 Nadeln, oder Sie nähen die 4 Nähte ab und nehmen anschließend mit einem Nadelspiel oder der Rundstricknadel die Maschen wieder auf.

Sie können die Ausschnittblende entweder im Rippenmuster 1/1, im Glattstrick oder im Krausstrick als Rollrand machen.

Auf jeden Fall sollen die Ausschnittblenden mustermäßig zu den Bündchen passen.

Blende im Krausstrick: Nehmen Sie die Maschen um den Halsausschnitt rechts auf und stricken Sie 6 bis 8 Reihen im Krausstrick hoch. Ketten Sie die Maschen auf der linken Seite ab.

Rippenmuster 1/1: Nehmen Sie die Maschen um den Halsausschnitt rechts auf und stricken Sie im Rippenmuster 1/1 mindestens 2 cm hoch. Stricken Sie dann 2 bis 3 Reihen rund hoch und ketten die Randmaschen mit der Nähnadel ab.

Rollrand: Nehmen Sie die Maschen wie für die runde Ausschnittblende auf und stricken dann mindestens 10 bis 12 Reihen glatt rechts hoch; Ketten Sie den Rand locker ab, damit sich der Kragen mit der glatten linken Seite nach außen einrollt.

Krausstrick

Rippenmuster 1/1

Rollrand

Der runde Halsausschnitt, Ärmel mit angestrickter Schulterpartie

Die Schnittführung ist eher gerade. Vorder- und Rückenteil sind gleich, aber die Schulterlinien sind tiefer und kürzer, weil zwischen die Schulterkanten noch die Formlasche aus den Ärmeln eingefügt werden muss. Die Ärmel haben also an der oberen Armkugel noch eine eher rechteckige Verlängerung, die mindestens 5 cm breit und höchstens 8 cm lang sein soll. Der Halsausschnitt ist vorn gerundet und hinten gerade. Die Kragenblenden können entweder angestrickt oder angenäht werden.

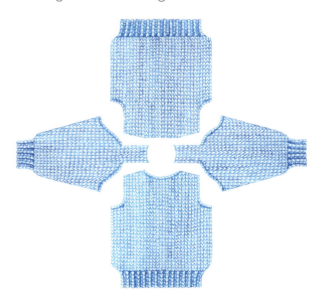

Der runde Halsausschnitt und die verlängerte Schulterpartie

Dieses Modell eignet sich sehr gut für sportliche Oberteile. Der Halsausschnitt wird genauso gearbeitet wie der normale runde Halsausschnitt, wobei aber mehr Maschen abgenommen werden müssen.

Der Ärmel läuft in Schulterhöhe in einer rechteckigen Verlängerung aus, die sich zwischen Vorder- und Rückenteil einfügt.

Rückenteil: Beginnen Sie ca. 3 cm unterhalb der Schulter damit, in 3 Schritten alle Maschen abzuketten.

Vorderteil: Beim Vorderteil werden die Maschen genauso abgenommen und abgekettet wie beim Rückenteil. Der Halsausschnitt ist flach gehalten, weil die verlängerte Schulterpartie auch noch Teil des Halsausschnittes ist.

Ärmel: Beginnen Sie, die Maschen in Höhe der Unterkante des Armausschnittes abzuketten und überprüfen Sie die Kantenlinie alle paar Reihen, weil am Ende der Armkugel in der Mitte noch genügend Maschen übrig bleiben müssen, mit denen Sie die verlängerte Schulterpartie fortsetzen können. Kalkulieren Sie für die Schulterpartie ca. 6 bis 7 cm ein. Stricken Sie dann in der Breite weiter und ketten zum Schluss alle Maschen auf einmal ab.

Sie können den Ausschnitt einer Weste oder eines Pullovers einfach verstärken, indem Sie ein oder mehrere Reihen Luftmaschen um den Ausschnitt herum festnähen oder mit der Häkelnadel anhäkeln.

> ## Für Fortgeschrittene
>
> Nehmen Sie dieses Modell doch als Grundmuster für einen praktischen Kinderpullover. Stricken Sie an Vorder- und Rückenteil jeweils eine Blende mit Knöpfen und Knopflöchern.

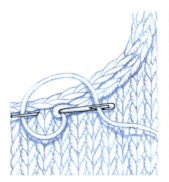
Luftmasche mit der Nähnadel

Luftmasche mit der Häkelnadel

Der runde Halsausschnitt

Nachdem Sie die Ärmelausschnitte gemacht haben, teilen Sie die verbliebenen Maschen in 3 gleiche Teile auf. Ein Teil entspricht dem Halsausschnitt und die beiden anderen jeweils der Schulterbreite.

Und so geht's:

Rückenteil: Ketten Sie alle Maschen, die nach der Abnahme für den Schulterbereich übrig sind, ab, oder legen diese auf einem Maschenraffer still. So erhalten Sie einen ganz geraden Halsausschnitt hinten, an dessen Seiten die verlängerten Schulterpartien anstoßen. Sie können aber auch gleichzeitig zu Beginn der Kurvenlinie für den Schulterbereich in der hinteren Mitte die Maschen für den Halsausschnitt – minus 4 Maschen – abketten und beide Seiten getrennt weiterstricken, wobei Sie alle 2 Reihen zweimal jeweils 1 Masche an der Seite abketten müssen.

Vorderteil: Meistens beginnt der Halsausschnitt ungefähr in zwei Drittel Höhe zwischen unterem Armausschnitt und Schulter. Legen Sie die für den Halsausschnitt notwendigen Maschen in der Mitte still. Wenn Sie einen eher engen Halsausschnitt wollen, nehmen Sie 8 Maschen weniger, bei einem großzügigeren Halsausschnitt rechnen Sie besser mit 12 Maschen mehr. Für die Ausführung des runden Kragens sehen Sie auf S. 103 f. nach.

Bei der verlängerten Schulterpartie endet auch das Vorderteil 3 cm vor der Schulter, damit der Halsausschnitt etwas betont wird.

Ärmel: Beginnen Sie die Maschen in Höhe der Unterkante des Armausschnittes abzuketten und überprüfen Sie die Kantenlinie alle paar Reihen, weil am Ende der Armkugel in der Mitte noch genügend Maschen übrig bleiben müssen, mit denen Sie die verlängerte Schulterpartie fortsetzen können. Stricken Sie dann in der Breite weiter und ketten zum Schluss alle Maschen auf einmal ab.

Ärmel einsetzen:

Legen Sie die verlängerte Schulterpartie genau zwischen Vorder- und Rückenteil.

Wenn Sie mit buntem Garn im Fantasiemuster gestrickt haben, brauchen Sie keine besondere Naht zu machen, es reicht dann, die Teile einfach

Kragen, Ärmel & Co.

von links zusammenzunähen, d. h. Sie nehmen immer 1 Masche aus der Schulterkante und 1 Randmasche aus der Schulterpartie zusammen.

Wenn Ihr Modell aber einfarbig ist und Sie eine möglichst glatte und flache Naht wollen, nehmen Sie die Maschen an der Schulterkante von Vorder- bzw. Rückenteil auf und nähen dann jeweils 1 aufgenommene Masche an die Randmasche der Schulterpartie.

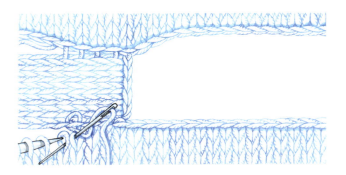

Blenden

Eine Blende kann man an jedes Strickteil ansetzen, um zu verhindern, dass sich die Kante einrollt oder „schlapp" ist. Stricken Sie ein Muster, das flach liegt und erarbeiten Sie einen Stricksaum. Stricken Sie die letzte Reihe in einem Kontrastgarn oder legen die Maschen still.

Einfache und doppelte Blenden

Sie können die Blende im Rippenstrick 1/1 machen oder glatt rechts mit „Mausezähnchen".

Rippenmuster 1/1 (einfach): Zählen Sie die nötige Anzahl an Maschen ab, schlagen Sie die Maschen an und stricken Sie 4 Reihen rund hoch. Danach erst beginnen Sie mit dem Rippenmuster 1/1 und beenden die Blende mit 1 Reihe in Kontrastgarn.

Nachdem Sie die Teile an den Schultern zusammengenäht haben, legen Sie die Blende um den Halsausschnitt herum und nähen Sie Masche für Masche an der Innenkante an, wobei Sie nach und nach den Faden in Kontrastgarn ablösen.

Diese Blende ist für alle Garnsorten geeignet. Wenn Ihr Garn zu dick zum Nähen ist, teilen Sie den Garnfaden in 2 Einzelfäden.

Wenn Sie die gesamte Blende in einem rundgestrickt haben (sie ist dann doppelt so hoch), nähen Sie sie vorn und hinten mittig am Halsausschnitt fest und dann versteckt von links an. Diese Doppelblende ist nur für leichte Garne geeignet, sonst sitzt Ihre Blende nachher wie eine „Wurst" um den Hals.

„Mausezähnchen"-Kante (doppelt): Stricken Sie die Blende glatt rechts halb hoch, dann eine Lochmusterreihe (2 M re zus-str, 1 Umschlag fortlaufend über die gesamte Runde wiederholen), und dann die andere Hälfte weiter hoch stricken. Klappen Sie die Blende um und nähen Sie sie entlang der Innenkante von links versteckt fest.

Rippenmuster 1/1

Mit „Mausezähnchen"-Rand

Der Kimono mit Halsausschnitt

Die Schnittführung ist großzügig, fließend und asiatisch inspiriert. Vorder- und Rückenteil sind gleich; die Ärmel werden direkt im Stück mitgestrickt und deren Länge hängt vom Modell ab. Der hintere Halsausschnitt ist gerade, der vordere eher breit gezogen und oval. Die Blende kann einfach sein oder als leichter Rollrand ausgearbeitet werden.

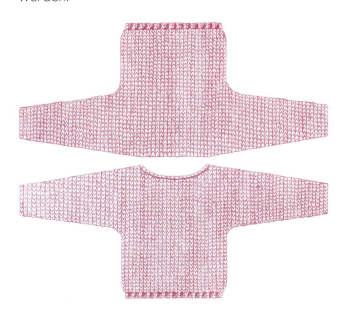

Der Kimono

Hierbei handelt es sich um ein sehr weibliches Kleidungsstück, das nur mit ganz leichtem Garn gestrickt werden sollte, weil sonst der gesamte Unterarmbereich zu voluminös gerät.

Seitlich am Rückenteil wird jeweils der halbe Ärmel gestrickt, seitlich am Vorderteil die jeweils andere Ärmelbreite. Aus diesem Grund gibt es keinen Armausschnitt, sondern Vorder- und Rückenteil werden in einer einzigen Seitennaht von der Schulter über die Ärmel zusammengenäht.

Damit der Kimono auch gut sitzt, ist es sehr wichtig, dass alle Maschenzu- und -abnahmen sowohl an den Seiten als auch vorn und hinten absolut symmetrisch sind.

Am besten legen Sie die beiden Teile rechts auf rechts aufeinander und nähen sie dann an den Kanten zusammen.

Rückenteil: Ungefähr auf halber Hüfthöhe müssen Sie schon mit der Maschenzunahme für die Ärmel beginnen. Zu Beginn jeder Reihe nehmen Sie so lange jeweils 1 Masche zu, bis Sie ungefähr auf Achselhöhe sind, dann nehmen Sie so viele Maschen zu, wie Sie für die Ärmellänge benötigen. Die Bündchen werden separat gestrickt.

Stricken Sie über die gesamte Breite bis zur halben Ärmelbreite am Handgelenk hoch. Ab jetzt nehmen Sie entsprechend zur Maschenzunahme die Maschen wieder symmetrisch bis zum Halsausschnitt ab. Am Ende ketten Sie alle Maschen ab oder legen diese still.

Vorderteil: Das Vorderteil wird bis ungefähr 5 cm unterhalb des Abschlusses des Schulterbereichs genauso wie das Rückenteil gestrickt; nehmen Sie die Hälfte der mittleren Maschen für den Halsausschnitt ab und stricken die beiden Seiten rechts und links separat weiter, wobei Sie auch seitlich am Halsausschnitt die entsprechenden Maschen symmetrisch abnehmen müssen.

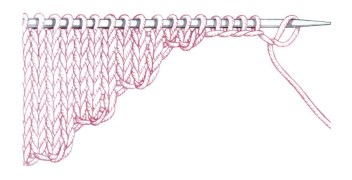

Kragen, Ärmel & Co.

So nehmen Sie die Maschen an den Rändern zu

Es gibt mehrere Möglichkeiten, 1 oder mehrere Maschen zu Beginn oder am Ende einer Reihe zuzunehmen.

1 M zu Beginn der Reihe: 1. M stricken, dann, ohne sie fallen zu lassen, 1 weitere Masche stricken.

1 M am Ende der Reihe: Letzte M zweimal stricken.

Mehrere M am Ende der Reihe: Gewünschte Maschenanzahl anschlagen.

Mehrere M zu Beginn der Reihe: Den Faden spiralförmig so oft um die Nadel wickeln, bis die gewünschte Maschenanzahl erreicht ist, 1. M abheben, ohne sie zu stricken, und die anderen Maschen normal stricken.

Der U-Boot-Ausschnitt

Beginnen Sie mit der Halsöffnung hinten ungefähr 3 cm unterhalb der Schulter und vorn 7 cm unterhalb über eine Breite von ca. 25 cm.

Und so geht's:

Rückenteil: Legen Sie in der Mitte ca. zwei Drittel der für den Halsausschnitt notwendigen Maschen still und stricken rechts und links getrennt weiter. In jeder Reihe legen Sie 1 weitere Masche still, bis keine Masche mehr übrig bleibt. Alle anderen übrigen Maschen sind für Schulterpartie und Ärmel.

Vorderteil: Legen Sie in der Mitte ca. ein Drittel der für den Halsausschnitt notwendigen Maschen still und stricken rechts und links getrennt weiter. Legen Sie weitere Maschen wie folgt still: 1 M in der 1. Reihe, 3 M in der 2. Reihe, 1 M in der 3. Reihe und 2 M in der 4. Reihe. Dann nehmen Sie in jeder weiteren Reihe 1 Masche ab, bis nur noch die Maschen für Schulterpartie und Ärmel übrig sind.

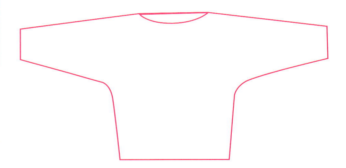

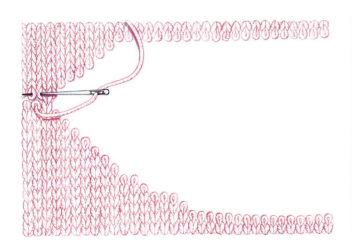

So erstellen Sie Ihr Grundmodell

Zeichnen Sie Ihr Grundmodell auf Millimeterpapier. Jedes Kästchen entspricht 1 Masche in der Breite und 1 Reihe in der Höhe.

Nehmen Sie bei sich Maß und zeichnen Sie anhand Ihrer Maßpunkte die Linien nach.

Blenden

Am einfachsten ist die gebogene Blende: Legen Sie dazu vorn und hinten die mittlere Maschengruppe still ohne Aussparung für den Halsausschnitt. Heben Sie die Maschen auf einen Faden und klappen Sie sie leicht versetzt nach innen um. Nähen Sie diese Maschen eine nach der anderen an der Innenkante fest.

Mit der Häkelnadel können Sie am unteren Rand eine Reihe im Krebsstich häkeln, der, wie der Name andeutet, in die „verkehrte" Richtung gehäkelt wird und einen hübschen Abschluss für Ränder bildet. Oder Sie häkeln 1 Reihe feste Maschen und 1 Reihe Bögen: *1 feste M (das ist ein „ganzes Stäbchen"), 2 Kettmaschen, feste M überspringen*, mit 1 festen M enden.

Etwas aufwendiger ist eine Blende im Rippenmuster 1/1. Diese wird genauso gestrickt wie die Blende für den V-Ausschnitt, bei dem die Maschen seitlich der Mittelmasche abgenommen werden; die Mittelmasche bleibt immer rechts; beim Kimono entsteht eine solche Mittelmasche mittig auf jeder Schulter.

Rippenmuster 1/1: Nähen Sie die Schulterkanten und den Teil über den Ärmeln zusammen (die Unterarmnaht wird nachher genäht). Nehmen Sie rund um den Halsausschnitt alle stillgelegten Maschen mit einer Rundstricknadel oder einem Nadelspiel auf und stricken Sie im Rippenmuster 1/1 hoch. Die Zentralmasche über der Schulter soll dabei immer rechts gestrickt bleiben.

Stricken Sie dazu im Rippenmuster bis 1 Masche vor der Zentralmasche, legen Sie die 1. Masche mit dem Faden nach hinten still, lassen Sie die Zentralmasche – ohne sie zu stricken – auf die rechte Nadel herübergleiten, nehmen Sie die stillgelegte Masche wieder auf die linke Nadel und stricken Sie die 2 Maschen rechts zusammen, ziehen Sie die Masche, die Sie auf die andere Nadel abgehoben haben, über die durch das Zusammenstricken erhaltene neue Masche; so nehmen Sie die Maschen in jeder Reihe ab. Zum Schluss stricken Sie 3 Reihen rund und ketten Maschen mit der Nadel ab.

Im Krebsstich

Mit Bogenkante

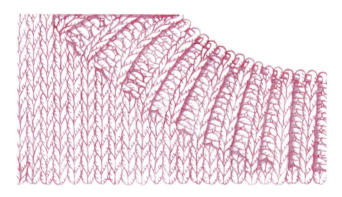

Im Rippenmuster 1/1

Kragen, Ärmel & Co.

Noch ein paar Hinweise

Wenn Sie nach dem Rippenbündchen noch Maschen zunehmen müssen, tun Sie das besser in der letzten Reihe des Bündchens und nicht in der 1. Reihe Ihres Grundmusters.

Wenn die Maschenzunahme nicht zu sehen sein soll, verdrehen Sie den Querfaden zwischen 2 Maschen einmal, stechen mit der Nadel in den hinteren Teil ein und stricken daraus eine neue Masche.

Arbeiten Sie alle Bündchen an Taille und Ärmeln und auch die Blenden am Halsausschnitt mit Stricknadeln, die eine Stärke dünner sind als jene, mit denen die Hauptteile des Modells gestrickt werden.

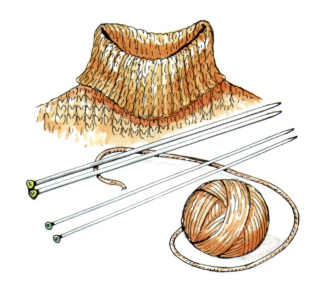

Falls Ihr Modell einen großen Rollkragen hat, der nachher doppelt umgeschlagen liegt, stricken Sie die letzten 2 oder 3 Reihen mit Stricknadeln, die eine halbe Stärke dicker sind, weil der Kragenrand dann elastischer wird und besser über den Kopf passt.

Wenn die Maschen an den Ärmeln oder bei Pullovern, die in einem Stück gestrickt werden, etwas „ausgeleiert" sind, wenn Sie sie nach der Fertigstellung wieder aufnehmen, stricken Sie die 1. Reihe immer mit verschränkten Maschen.

Haben Sie eine Nähmaschine?

Nähen Sie Ihre Strickteile doch mit der Maschine zusammen. Wenn sich das Nähfüßchen in den Maschen verfängt, legen Sie beim Nähen einfach ein dünnes Vliespapier zwischen Gestrick und Nähfüßchen. Nach dem Nähen brauchen Sie es nur noch ganz vorsichtig aus der Naht zu ziehen.

Kragen, Ärmel & Co.

Teilen Sie dazu Ihre Strickarbeit in 2 gleiche Teile und arbeiten gleichzeitig jede Seite mit 2 Garnknäueln weiter. Auf diese Weise können Sie sicher sein, dass Sie rechts und links immer die gleiche Anzahl von Maschen zu- oder abnehmen und dass der Halsausschnitt an beiden Seiten gleich wird.

Wenn Sie Kinderpullover stricken, sollten Sie bevorzugt Modelle mit geraden Ärmeln aussuchen. Stricken Sie die Ärmel immer von der Schulter in Richtung Handgelenk, denn so lassen sie sich einfacher verlängern.

Nähen Sie Knöpfe nicht mit Baumwollfaden an, sondern mit dem für Ihre Strickarbeit verwendeten Garn; nehmen Sie für Kleidung für Neugeborene immer ganz flache Knöpfe oder Druckknöpfe, die beim Liegen nicht drücken.

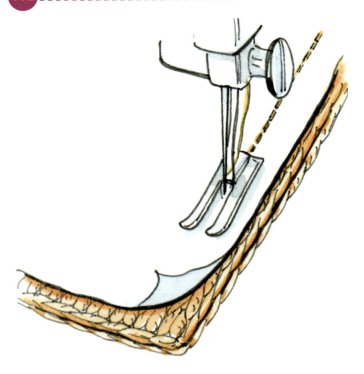

Möchten Sie perfekte Halsausschnitte, die sich nicht verziehen?
Ziehen Sie vor dem Ansetzen der Kragenblende zuerst einen Faden in die Maschen entlang des Halsausschnitts, mit dem Sie die Rundung modellieren können. Häkeln Sie dann 2 Reihen feste Maschen um den Halsausschnitt. Kurz bevor Sie die Kragenblende ansetzen, ziehen Sie den Häkelfaden wieder vorsichtig heraus, und Sie können die Blende annähen.
Wenn der Halsausschnitt 2 symmetrische Seiten hat, müssen beide Seiten absolut übereinstimmen.

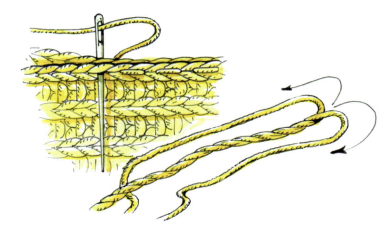

Wenn Sie ein Kleidungsstück aus dicker Wolle stricken, nehmen Sie zum Zusammennähen besser ein anderes Garn, oder Sie teilen den Wollfaden auf, damit die Nähte nicht wulstig werden.

STRICKPROJEKTE

BEKLEIDUNG FÜR SIE & IHN

Damenpullover mit Rauten

Größe:

Für Gr. 36 = linke Zahlen
Für Gr. 38/40 = mittlere Zahlen
Für Gr. 42 = rechte Zahlen
Ist nur eine Angabe gemacht, so gilt diese für alle Größen.

Material:

- 450 (500/550) g Garn (100% Merinowolle superwash) in Blau, LL = ca. 125 m/50 g, (z.B. Woolness uni von Austermann, Fb. 03)
- Stricknadeln 5 mm und Häkelnadel Nr. 5 (z.B. von Schoeller + Stahl)

Bundmuster:

2 M re, 2 M li im Wechsel mit NS 5
Maschenprobe genau einhalten! (Falls notwendig, Nd. wechseln)

Grundmuster:

(Maschenprobe: 20 M u. 26 R = 10 cm x 10 cm) gl. re mit NS. 5

Rautenmuster:

Über 20 M nach Strickschrift arb. In den Rückr die M str., wie sie erscheinen. Die 1.–30. R stets wdh.

Abnahmen:

Am R-Anfang nach der RM 2 M re zus-str., am R-Ende vor der RM 2 M re überzogen zus-str. (1 M re abh. 1 M re, die abgehob. M darüberziehen).

Rückenteil:

90 (94/98) M anschl. u. das Bundm. mit 1 Rückr beginnen in folg. Einteilung: RM, 1 M li, 2 M re, 2 M li im Wechsel str, enden mit 2 M re, 1 M li, RM. Nach 9 cm ab Anschlag für das Grund- u. Rautenm. Die M wie folgt einteilen: RM, 34 (36/38) M re, 20 M Rautenm., 34 (36/38) M, RM.
Für die Taillierung nach 15 cm ab Anschlag beids. 1 M abn. u. in jed. folg. 6. R beids. noch 3 x 1 M abn. Dann in jed. folg. 6. R beids. 4 x 1 M zun.
Für die Raglanschräge nach 34 (32/31) cm ab Anschlag beids. 10 (11/12) x 2 M nach Strickschrift Raglanabnahmen arb. dann die restl. 50 M abk. Es sind 3,5 Rauten gestrickt. Gesamtlänge 49 cm.

Vorderteil:

Wie das RT arb., jedoch für die Ausschnittrundung nach 43 cm ab Anschlag (nach 3 Rauten) die mittleren 22 M abk und beide Seiten getrennt beenden. Für die flache Ausschnittrundung in jed. folg. 2. R noch 3 x 6 M beids. am inneren Rand abk. Durch die kürzere Raglanschräge die Abnahmen nur 8 (9/10) x arb. Gesamtlänge 46 cm.

Linker Ärmel:

42 (46/50) M anschl. u. das Bundm. wie beim RT beschrieben einteilen.

Nach 9 cm ab Anschlag für das Grund- und Rippenm. die M wie folgt einteilen: RM, 7 M Bundm., 26 (30/34) M gl. re, 7 M Bundm., RM. Für die Ärmelschrägung in jed. folg. 6. R ab Bund beids. 12 x 1 M wie folgt zun.: Am R-Anfang nach der 9. M, am R-Ende vor der 9. M 1 Umschlag arb. und diesen in der folg. R li verschränkt abstr. = 66 (70/74) M.

Für die Raglanschräge nach 42 (40/39) cm ab Anschlag am li Rand 8 (9/10) x 2 M nach Strickschrift Raglanabnahmen abn., dann in jed. 2. R 2 x 7 u. 2 x 8 M abk. <u>Gleichzeitig</u> am re Rand 10 (11/12) x 2 M nach Strickschrift Raglanabnahmen abn. Gesamtlänge 57 cm.

Den **rechten Ärmel** gegengleich arb.

Fertigstellung:

Teile lt. Schnitt spannen, anfeuchten und trocknen lassen. Die Raglannähte schließen. Seiten- und Ärmelnähte schließen. Für den Schulterkragen 160 M von innen aufn., 24 cm im Bundm. str. u. die M im M-Rhythmus abk. Den Kragen nach außen umschlagen. Die Häkelnoppen für den Schulterkragen wie folgt arb. (sie sitzen direkt oberhalb der Abkettkante): Über jed. re M 1 fM häkeln, in die Linksrippen die Häkel-Nd. ca. 1 cm tief einstechen, * die Schlinge durchholen, 1 U, ab 5 x wdh., dann alle Schlingen zus. abmaschen und 1 Kettm. arb.

Die Rautennoppen wie folgt häkeln: 4 LM häkeln, * in die 1. LM einstechen und 1 Schlinge durchziehen, 1 U, ab * 5 x wdh. Mit 1 Kettm. die Noppe beenden. Mit den Endfäden die Noppen neben die Rauten nähen (siehe Strickschrift).

□	= 1 M re
—	= 1 M li
+	= Randmasche
∧	= 2 M zusammen wie zum Re-str. abh., die folg. M re str., dann die beiden abgehob. M zus. über die gestr. M ziehen
⊐	= 3 M auf 1 Hi-Nd. vor die Arbeit legen, 1 M li, die M der Hi-Nd. re str.
⊏	= 1 M auf 1 Hi-Nd. hinter die Arbeit legen, 3 M re, die M der Hi-Nd. li str.
N	= 1 Noppe

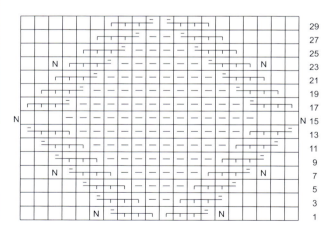

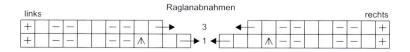

Raglanabnahmen

Rock

Für Gr. 36 = linke Zahlen
Für Gr. 38/40 = mittlere Zahlen
Für Gr. 42/44 = rechte Zahlen
Ist nur eine Angabe gemacht, so gilt diese für alle Größen.

Material:

- Garn (80% Alpakawolle, 20% Seide) in Naturweiß (100/100/105 g), Hellbraun (50/50/100 g), Beige (50/507100 g), Hellgrau (50/50/100 g), Dunkelgrau (100/100/150 g), Bordeaux (50/507100 g) und Braunrot (100/100/150 g), LL = ca. 100 m/50 g (z.B. Alpaca Silk von Austermann, Fb. 01 natur, 06 camel, 05 beige, 10 hellgrau, 09 dunkelgrau, 13 bordeaux, 20 rost)
- Stricknadeln 4 mm u. Häkelnadel Nr. 4 (z. B. von Schoeller + Stahl)

Sonstiges Material:

3 cm breites Gummiband

Maschenprobe genau einhalten! (Falls notwendig, Nd. wechseln)

Grundmuster:

(Maschenprobe: 17 M u. 21 R = 10 cm x 10 cm), gl. li mit NS 4

Betonte Abnahmen:

Je die mittl. 3 M li zus-str.

Betonte Zunahmen:

rechter Arbeitsrand: RM, aus dem Querfaden 1 M li verschränkt zun.
linker Arbeitsrand: aus dem Querfaden 1 M li verschränkt zun., RM.

Streifenfolge:

11 R Hellbraun, 10 R Bordeaux, 6 R Hellgrau, 4 R Beige, 12 R Braunrot, 6 R Dunkelgrau, 14 R Naturweiß, 4 R Hellbraun, 4 R Bordeaux, 2 R Hellgrau, 4 R Beige, 4 R Braunrot, 2 R Dunkelgrau, 4 R Naturweiß, 8 R Dunkelgrau, 8 R Hellgrau, 8 R Bordeaux.

Anleitung:

Vorder- u. Rückenteil:

Je 87 (95/103) M mit NS 4 in Hellbraun anschlagen u. gl. li lt. Streifenfolge str. Für die Zunahmen in jeder 2. R je 1 M beids. betont zun. u. gleichzeitig die mittl. 3 M betont abn. Dadurch bleibt die M-Zahl gleich u. die Spitze entsteht. Nach 35 cm ab Anschlag die betonten Zunahmen nicht mehr arb., jedoch weiterhin die betonte Abnahme arb. = 85 (93/101) M u. in jeder 8. R noch weitere 5 x ebenso arb. = 75 (83/91) M. Nach ca. 65 cm ab Anschlag ist die Streifenfolge beendet. Nun mit Naturweiß noch weitere 12 cm ohne Zu- u. Abnahmen str. Dann M abk.

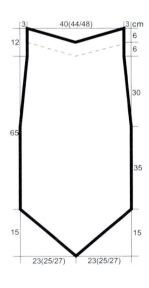

Fertigstellung:

Teile lt. Schnitt spannen, leicht anfeuchten und trocknen lassen. Seitennähte schließen. Die oberen 6 cm nach innen umschlagen u. annähen, dabei für den Einzug des Gummibandes ca. 2–3 cm offen lassen. Gummiband einziehen. Den unteren Rockrand wie folgt umhäkeln:

1. Rd. (naturweiß): Anschlingen, in jede M des Anschlags 1 fM arb., mit 1 Kettm. zur Rd. schließen = 146 (162/178) fM.

2. Rd.: 1 LM, in jede M 1 fM arb., dabei in die mittl. M jedes Rockteils 3 fM arb., mit 1 Kettm. zur Rd. schließen = 150 (166/182) fM.

3. Rd.: 1 LM, in jede M 1 fM arb., dabei in ca. jede 9. (10./11.) fM je 1 Noppe (= 10 zusammen abgemaschte Doppelstb.) arb. = insg. 16 Noppen, mit 1 Kettm. zur Rd. schließen.

4. Rd.: 1 LM, in jede M 1 fM arb., dabei in die mittl. M jedes Rockteils 3 fM arb., mit 1 Kettm. zur Rd. schließen = 154 (170/186) fM.

5. Rd. (dunkelgrau): 1 LM, in jede M 1 fM arb., mit 1 Kettm. zur Rd. schließen.

6. Rd.: 1 LM, in jede M 1 fM arb., dabei in die mittl. M jedes Rockteils 3 fM arb., mit 1 Kettm. zur Rd. schließen = 158 (174/190) fM.

7. Rd. (braunrot): 1 LM, in jede M 1 fM arb., dabei versetzt zur 3. Rd. ebenso 16 Noppen arb., mit 1 Kettm. zur Rd. schließen.

8. Rd.: 1 LM, in jede M 1 fM arb., dabei in die mittl. M jedes Rockteils 3 fM arb., mit 1 Kettm. zur Rd. schließen = 162 (178/194) fM.

9. Rd. (beige): 1 LM, in jede M 1 fM arb., mit 1 Kettm. zur Rd. schließen.

10. Rd.: 1 LM, in jede M 1 fM arb., dabei in die mittl. M jedes Rockteils 3 fM arb., mit 1 Kettm. zur Rd. schließen = 166 (182/198) fM.

11. Rd. (hellgrau): 1 LM, in jede M 1 fM arb., dabei versetzt zur 7. Rd. ebenso 16 Noppen arb., mit 1 Kettm. zur Rd. schließen.

12. Rd.: 1 LM, in jede M 1 fM arb., dabei in die mittl. M jedes Rockteils 3 fM arb., mit 1 Kettm. zur Rd. schließen = 170 (186/202) fM.

13. Rd. (bordeaux): 1 LM, in jede M 1 fM arb., mit 1 Kettm. zur Rd. schließen.

14. Rd.: 1 LM, in jede M 1 fM arb., dabei in die mittl. M jedes Rockteils 3 fM arb., mit 1 Kettm. zur Rd. schließen = 174 (190/206) fM.

15. Rd. (hellbraun): 1 LM, in jede M 1 fM arb., dabei versetzt zur 11. Rd. ebenso 16 Noppen arb., mit 1 Kettm. zur Rd. schließen.

16. Rd.: 1 LM, in jede M 1 fM arb., dabei in die mittl. M jedes Rockteils 3 fM arb., mit 1 Kettm. zur Rd. schließen = 178 (194/210) fM.

17. Rd. (dunkelgrau): 1 LM, * 5 LM, 4 fM der Vor-Rd. überspringen, 1 fM, ab * stets wdh., 5 LM, 4 fM der Vor-Rd. überspringen, mit 1 Kettm. in die 1. LM zur Rd. schließen.

18. Rd.: 3 Kettm. bis zur Mitte des LM-Bogens, 1 LM, * 9 LM, 1 fM in die mittl. LM des LM-Bogens der Vor-Rd., ab * stets wdh., 9 LM, mit 1 Kettm. in die 1. LM zur Rd. schließen.

19. Rd.: 5 Kettm. bis zur Mitte des LM-Bogens, 1 LM, * 4 LM, 1 Noppe (= 10 zusammen abgemaschte Doppelstb.) in die letzte LM, 4 LM, 1 fM in die mittl. LM des LM-Bogens der Vor-Rd., ab * stets wdh., 4 LM, 1 Noppe in die letzte LM, 4 LM, mit 1 Kettm. in die 1. LM zur Rd. schließen. Bei dieser Rd. abw. in folgender Farbfolge pro Farbe je 5 Noppen, bzw. LM-Bogen arb.: natur, beige, hellgrau, braunrot, hellbraun, bordeaux, hellgrau.

Damenpullover mit Ajour- und Zopfmuster

Entwurf: Babette Ulmer

Größe:

Für Gr. 36 = linke Zahlen
Für Gr. 38/40 = mittlere Zahlen
Für Gr. 42 = rechte Zahlen
Ist nur eine Angabe gemacht, so gilt diese für alle Größen.

Material:

- 400 (400/450) g Garn (100 % Baumwolle, mercerisiert und gasiert) in Naturweiß, LL = ca. 142 m/50 g (z.B. Algarve von Austermann, Fb. 10)
- Stricknadeln 6 u. 7 mm

Maschenprobe genau einhalten! (Falls notwendig, Nd. wechseln)

Bundmuster 1:

(Maschenprobe: 21 M u. 24 R = 10 cm × 10 cm), 1 M re, 1 M li im Wechsel 2-fädig mit NS 6

Bundmuster 2:

gl. re mit NS 7

Zopfmuster:

(Maschenprobe: 16 M u. 20 R = 8 cm × 10 cm), 2-fädig mit NS 7

Nach Strickschrift arb. Es sind die Hinr. gezeichnet. In den Rückr. alle M li str.
1.–8. R fortl. wdh.

Ajourmuster:

(Maschenprobe: 10 M u. 20 R = 10 cm × 10 cm), 2-fädig mit NS 7
1. R (= Hinr): 2 M re zus-str., 1 U, 1 M re.
2. R (= Rückr): alle M und U li str.
3. R (= Hinr): 1 M re, 1 U, 2 M re überzogen zus-str.
4. R (= Rückr): alle M und U li str.
Die 1.–4. R fortl. wdh.

Rückenteil:

76 (86/96) M mit NS 6 2-fädig anschl. u. 4,5 cm im Bundm 1 str., dabei in der letzten R gleichmäßig verteilt 16 M abn. = 60 (70/80) M. Weiter mit NS 7, dabei M wie folgt einteilen: RM, 1 M li, 3 M Ajourmuster, * 2 M li, 3 M Ajourmuster, ab * 3 (4/5) × arb., 2 M li, 16 M Zopfmuster, ** 2 M li, 3 M Ajourmuster, ab ** 3 (4/5) × arb., 2 M li, 3 M Ajourmuster, 1 M li, RM. Für den Armausschnitt nach 21,5 (23,5/25,5) cm ab Anschlag beids. 1 × 4 M abk. = 52 (62/72) M. Für die Schulterschrägung nach 37 (41/45) cm ab Anschlag beids. in jed. 2. R 3 × 3 u. 1 × 2 (4 × 4 / 1 × 6 u. 3 × 5) M abk. Für den Halsausschnitt nach 36 (40/44) cm ab Anschlag die mittl. 24 M abk. u. in jed. 2. R noch 1 × 2 u. 1 × 1 M abk. Gesamtlänge 40 (44/48) cm.

Bekleidung für Sie & Ihn

Vorderteil:

Wie das Rückenteil arb., jedoch für den Halsausschnitt schon nach 30 (34/38) cm ab Anschlag die mittl. 12 M abk. u. in jed. 2. R 1 x 3, 2 x 2, 1 x 1 u. in jed. 4. R 1 x 1 M abk. Gesamtlänge 40 (44/48) cm.

Ärmel:

32 (38/42) M mit NS 6 2-fädig anschl. u. 8 cm im Bundm 1 str., dabei in der letzten R gleichmäßig verteilt 8 (9/8) M abn. = 24 (29/34) M. Weiter mit NS 7, dabei M wie folgt einteilen: RM, * 2 M li, 3 M Ajourmuster, ab * fortl. wdh., enden mit 2 M li, RM. Für die seitl. Ärmelzunahmen beids. ab Bund in jed. 12. R 6 x 1 M zun. = 36 (41/46) M. Über die zugenommenen M das Ajourmuster fortsetzen. Nach 56 cm ab Anschlag die restl. M abk.
Den 2. Ärmel ebenso arb.

Fertigstellung:

Teile spannen, anfeuchten und trocknen lassen. Die Nähte schließen u. die Ärmel einsetzen. Aus dem Halsausschnitt 72 M mit NS 7 2-fädig auffassen u.
4 cm im Bundm 2 str. M abk.

I	= 1 M re
⌐⌐	= 2 M auf eine Hi-Nd. vor die Arbeit legen, 2 M re, die M der Hi-Nd. re str.
⌐⌐	= 2 M auf 1 Hi-Nd. hinter die Arbeit legen, 2 M re, die M der Hi-Nd. re str.

Weste

Größe:

Für Gr. 36 = linke Zahlen
Für Gr. 38/40 = mittlere Zahlen
Für Gr. 42 = rechte Zahlen
Ist nur eine Angabe gemacht, so gilt diese für alle Größen.

Material:

- 600 (650/700) g Garn (100% Merinowolle in Rot), LL = ca. 105m/50g (z.B. Merino 105 superfine von Austermann, Fb. 303)
- Stricknadeln 4,5 und 5mm (z.B. von Schoeller + Stahl)

Bundmuster:

2 M re, 2 M li im Wechsel mit NS 4,5

Maschenprobe genau einhalten! (Falls notwendig, Nd. wechseln)

Grundmuster:

(Maschenprobe 20 M u. 28 R = 10 cm x 10 cm im Durchschnitt),
gl re (Hinr. re M, Rückr. li M) mit NS 5
gl li (Hinr. li M, Rücr. Re M) mit NS 5

Streifenmuster:

2 R gl. re, 2 R gl. li im Wechsel

Zopf über 16 M:

(Maschenprobe: 32 M u. 28 R = 10cm x 10cm),
1.–10. R: 2 M gl li, 12 M gl re, 2 M gl li
11. R: 2 M li, 12 M verzopfen(= 6 M auf eine Hi-Nd. hinter die Arbeit legen, 6 M re, dann die M der Hi-Nd. re str.), 2 M li
12. R: M str. wie sie erscheinen.
Die 1.–12. R fortl. wdh.

Betonte Abnahmen:

Am re Arbeitsrand: RM, 1 M re, 1 M re abh., 1 M re, die abgehob. M darüberziehen, weiter im Muster, am li Arbeitsrand: 2 M re zus-str., 1 M re, RM.

Betonte Zunahmen:

Am re Arbeitsrand: RM, 2 M re, 1 M re verschränkt aus dem Querfaden zun., weiter im Muster, am li Arbeitsrand: 1 M re verschränkt aus dem Querfaden zun., 2 M re, RM.

Rückenteil:

100 (108/116) M mit NS 4,5 anschl. u. 8 cm im Bundm. str. Anschließend mit NS 5 im Grundm. gl re weiter arb.
Für die Taillierung nach 8 cm ab Bundm. beids. 1 M betont abn. u. in jed. folg. 6. R noch 4 x 1 M betont abn. = 90 (98/106) M. Nach 37 cm ab Anschlag beids. 1 M betont zun. u. in jed. folg. 6. R noch beids. 4 x 1 M betont zun. = 100 (108/116) M.

Für die Armausschnittblenden nach 51 (49/47) cm ab Anschlag beids. je 18 M im Streifenm. arb. Nach 73 cm ab Anschlag für die Schulterschrägung beids. 23 (27/31) M abk. u. in jed. folg. 2. R noch 1 × 4 u. 1 × 2 M abk. Nach 74,5 cm ab Anschlag die restl. 42 M stilllegen.

Linkes Vorderteil:

66 (70/74) M mit NS 4,5 anschl. u. 8 cm im Bundm. str. Anschließend mit NS 4 in folg. Einteilung weiter arb.: RM, 16 (18/20) M gl. re (dabei verteilt 2 × je 2 M re zus-str.), 16 M Zopf, 12 (14/16) M gl. re, (dabei 1 × 2 M re zus-str.), 18 M Streifenm., dabei die RM in Hin- u. Rückr. mitstr. = 63 (67/71) M.

Die Taillierung am re Arbeitsrand wie beim RT arb. Für die Armausschnittblende nach 51 (49/47) cm ab Anschlag am re Arbeitsrand 18 M im Streifenm. arb. Nach 73 cm ab Anschlag die Schulterschrägung am re Arbeitsrand wie beim RT arb. Nach 74,5 cm ab Anschlag die restl. 34 M stilllegen.

Das **rechte Vorderteil** gegengleich arb., ebenso den Zopf gegengleich arb.

Fertigstellung:

Teile lt. Schnitt spannen, leicht anfeuchten u. trocknen lassen. Schulter- u. Seitennähte schließen. Dabei bei den Seitennähten die oberen je 22 (24/26) cm als Armausschnitte offen lassen.

Die stillgelegten M des Halsausschnittes wieder aufnehmen u. über alle 110 M 4 R gl. re u. 3 R gl. li arb. dabei in der der letzten gl. li R die M abk.

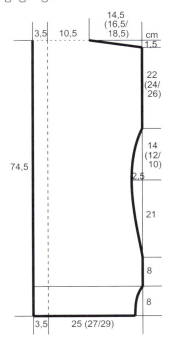

Lange Damenjacke mit Norwegermuster

Größe:

34/36, 38/40, 42/44, 46/52
Angezogen hat die Jacke eine Länge von ca. 85 cm.

Material:

- Garn (50% Polyacryl, 35% Alpakawolle, 15% Schurwolle, z.B. Peru von Junghans-Wolle) in Grau (700, 700, 750, 850), Hellbraun (150, 200, 200, 200), Schwarz, Rost, Naturweiß, Hellgrau (100, 100, 100, 100)
- 8 Knöpfe (z.B. von Junghans-Wolle)
- Strick-N 5,0–6,0; für den Kragen: Rundstrick-N 4,0–5,0, Länge 80 cm

Strickmuster:

Glatt re in Norwegertechnik nach Zählmuster, in den Ärmel von der Mitte aus eingeteilt arb. Zum Schluss werden alle Strickteile im M-Stich nach Einstickmuster bestickt. Ränder und Kragen in Rippen, dafür fortl 2 M re, 2 M li str.
Tipp: Kleinere Farbflächen können im M-Stich aufgestickt werden.

Maschenprobe:

Glatt re Norwegermuster: 2 Muster = 32 M = 17 cm breit/22 R = 10 cm hoch.

Vordere Blenden (2-mal arb): **Gr. 34–44** 174 M in Grau aufnehmen und 12 R = 5 cm 2 M re, 2 M li str. Gleichzeitig in die re Blende in der 5. R 6 Knopflöcher einarb.: das 1. Knopfloch über der 47. und 48. M, die weiteren im Abstand von je 22 M.
Gr. 46–52 170 M in Grau aufnehmen und 12 R = 5 cm 2 M re, 2 M li str. Gleichzeitig in die re Blende in der 5. R 6 Knopflöcher einarb.: das 1. Knopfloch über der 43. und 44. M, die weiteren im Abstand von je 22 M.

Für den **Kragen** mit der Rundstrick-N **Gr. 34–40** = 182 M, **Gr. 42–52** = 190 M in Grau anschlagen und 20 cm 2 M re, 2 M li str. 2 R glatt re str, dabei in der 1. R fortl 2 M re zus-str. Gr. 34–40 restl 91 M, Gr. 42–52 restl 95 M locker abk.

Fertigstellung:

Alle Strickteile auf Maß stecken und unter feuchten Tüchern trocknen lassen. Die Schulter- und Seitennähte schließen. Ärmel zus- und einnähen. Die Blenden annähen, dann den Kragen mit dem Abkettrand in den Ausschnitt und über die Schmalseiten der Blenden nähen.
Damit der Kragen den gewünschten Stand hat, nach dem Umschlagen auf jede Ecke 1 Knopf durch das Gestrick von Kragen und Vorderteil nähen.

Bekleidung für Sie & Ihn

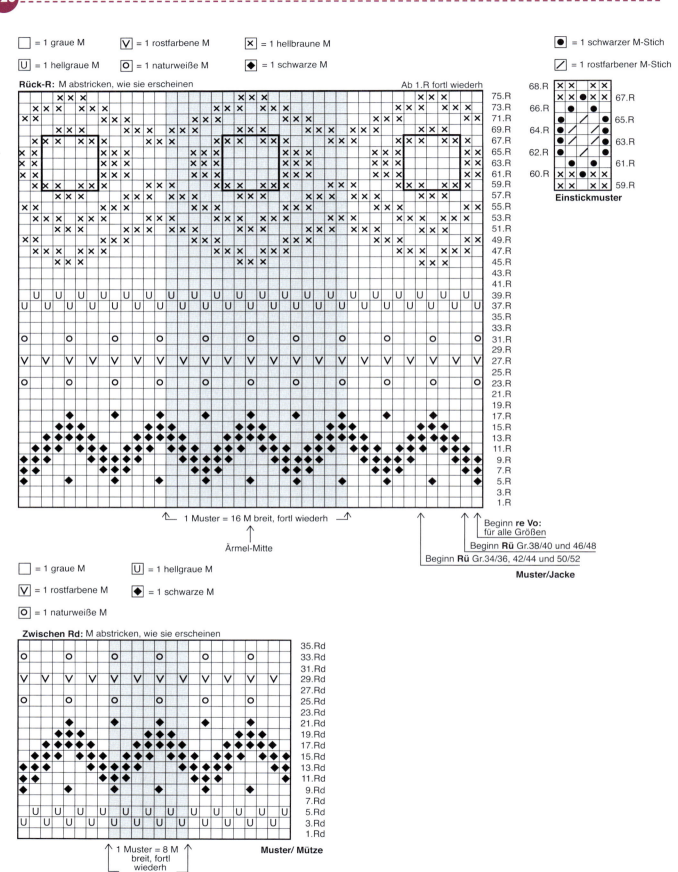

Bekleidung für Sie & Ihn

Größe: 34/36 (38/40) [42/44]

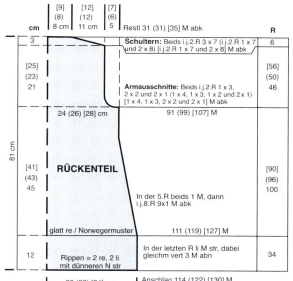

Tunika

Größe:
36–42 (44–50)

Material:
- 300 (350) g Garn (50% Polyacryl, 40% Schurwolle, 10% Angora) in Hellbraun (z.B. Charme von Junghans-Wolle, Fb. Camel)
- Strick-N 4,0–5,0, für den Kragen: Rundstrick-N 4,0–5,0, Länge 80 cm

Strickmuster:
Muster I–III siehe Strickschrift. Kragen: glatt re in Runden.

Maschenproben:
Muster I: 1 Muster = 22 M = 10,5 cm breit / 26 R = 10 cm hoch; Muster III: 1 Muster = 22 M = 10,5 cm breit / 24 R = 10 cm hoch.

Gr. 36/38(40/42):
Ab 11. R i.j. 20. R 5x (i.j. 28. R 4x) die Abnahmen wie folgt ausführen: innerhalb des Strickteils stets die 2 re M vor dem Zopf re zus-str, mit den 2 re M nach dem Zopf eine überz Abn arb = je 10 M Abnahme.

Gr. 44/46(48/50):
Ab 9. R i.j. 28. R 4x (i.j. 44. R 3x) die Abnahmen wie folgt ausführen: innerhalb des Strickteils stets die 2 re M vor dem Zopf re zus-str, mit den 2 re M nach dem Zopf eine überz Abn arb = je 12 M Abnahme.

Für den **Kragen** bei **Gr. 36–42:** 140 M = ca. 78 cm, **Gr. 44–50:** 150 M = 84 cm anschlagen und 20 cm glatt re str. M locker abk.

Fertigstellung:
Teile nach Maß stecken und unter feuchten Tüchern trocknen lassen. Schulter- und Seitennähte schließen. Den Kragen mit der glatt re Seite nach außen in den Ausschnitt nähen.

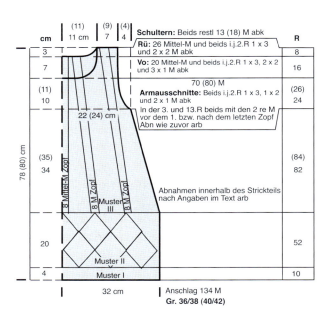

Gr. 36/38 (40/42)

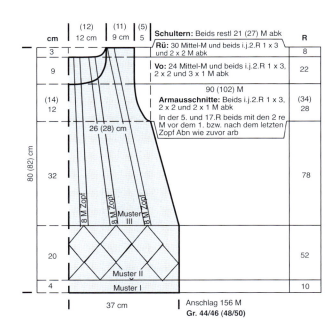

Gr. 44/46 (48/50)

Bekleidung für Sie & Ihn

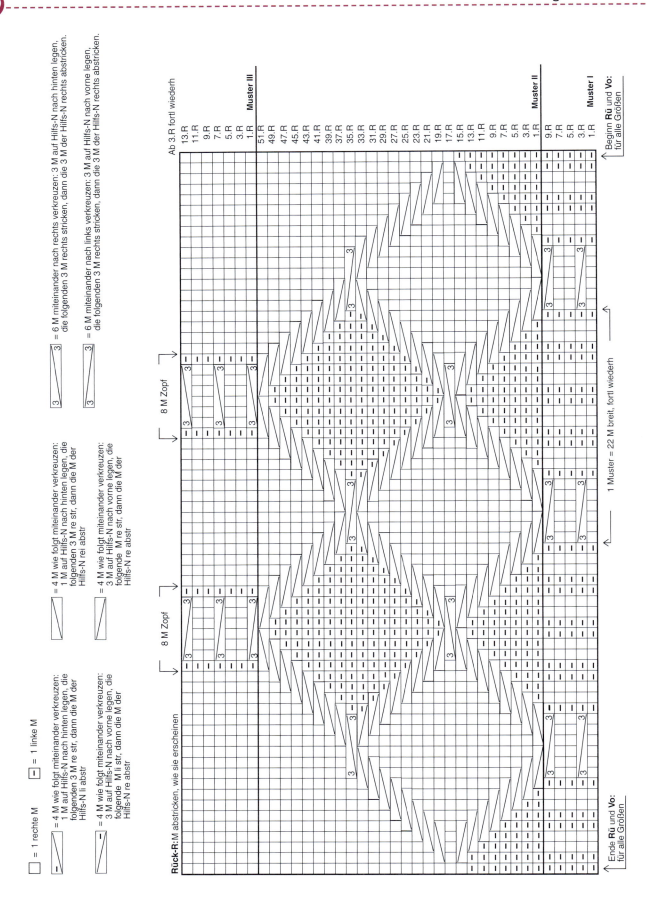

Damenjacke mit Zopfmuster

Größe:

36/38 (40/42) [44/46]

Material:

- 850 (950) [1050] g Garn (50 % Polyacryl, 35 % Alpaka, 15 % Schurwolle) in Grau (z. B. Peru von Junghans-Wolle)
- 6 Knöpfe
- Strick-N 4,5–5,5; für den Kragen (= 2-fädig) Rundstrick-N 5,0–6,0, Länge 60 cm

Strickmuster:

Zopf und Rippen siehe Strickschrift. Vordere Blenden: 1 M re, 1 M li, Kragen: 2-fädig 1 M re, 1 M li str.

Maschenproben:

1 Zopf = 21 M = 8 cm breit / 26 R = 10 cm hoch; Rippen: 21 M / 26 R = 10 cm breit / 10 cm hoch.

Doppelanschlag:

Arbeitsweise wie beim einfachen Kreuzanschlag, jedoch den Unterfaden, der um den Daumen gelegt wird, doppelt nehmen. Dafür muss dieser Faden doppelt so lang sein wie beim einfachen Anschlag. Auf der Nadel liegen die Anschlagmaschen mit einfachem Faden, nur die Kante ist doppelfädig. Nach Erreichen der Maschenzahl werden die Unterfäden abgeschnitten und später vernäht.

Betonte Abnahmen:

In den **Hin-R** an der **re Seite** mit der 4. und 5. M eine überzogene Abn arb., an der **li Seite** die entsprechenden M re zus-str. In den **Rück-R** (= Abn in jeder R) an der **re Seite** die 4. und 5. M li zus-str., an der **li Seite** die entsprechenden M li verschränkt zus-str.

Senkrechtes Knopfloch

Das senkrechte Knopfloch wird über so viele Reihen gearbeitet, wie es die Knopfgröße erfordert. Für dieses Knopfloch wird an der entsprechenden Stelle die Arbeit geteilt und jede Seite separat gestrickt. Zuerst die rechte Blendenseite stricken, den Faden hängen lassen und mit einem 2. Knäuel die linke Seite genauso hoch stricken. Nun wieder über alle Maschen weiterarbeiten. Bei 1 rechts – 1 links gestrickten Blenden wird die Arbeit an der Stelle geteilt, an der sich eine linke Masche befindet. Die linke Masche wird abgenommen (= 2 Maschen rechts zusammenstricken), sodass beidseits der Teilung eine rechte Masche hochläuft. In der Reihe, in der wieder über alle Maschen gestrickt wird, die linke Masche wieder neu anschlagen. Bei 2 rechts – 2 links gestrickten Blenden wird die Arbeit zwischen 2 linken Maschen geteilt.

Bekleidung für Sie & Ihn

Bekleidung für Sie & Ihn

Fertigstellung:

Schulternähte schließen. Ärmel annähen, dann Seiten- und Ärmelnähte schließen.

Vordere Blenden (zweimal arb.): 16 M = ca. 4 cm anschlagen und 55(57)[61] cm 1 M li, 1 M re str. Gleichzeitig in die re Blende zwischen der 7. und 8. M vom vorderen Rand aus 5 senkrechte Knopflöcher über 4 R einarb.: das 1. Knopfloch 6 cm vom unteren Rand aus, die weiteren im Abstand von je 10(10,5)[11,5] cm. Blenden gegennähen. Für den **Kragen** 2-fädig mit der Rundstrick-N aus dem Ausschnitt und den Schmalseiten der vorderen Blenden 123 M aufn und ca. 18 cm 1 M re, 1 M li str. Gleichzeitig nach 6 cm zwischen der 8. und 9. M vom vorderen Rand aus das 6. Knopfloch einarb. M locker abk wie sie erscheinen.

Ärmel:

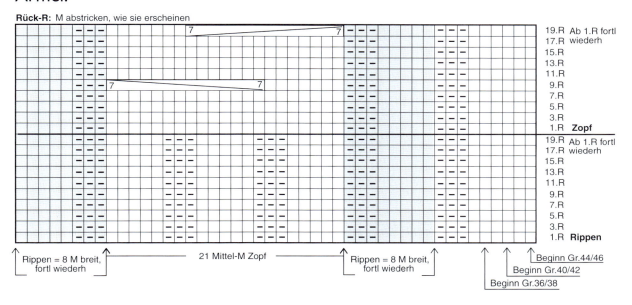

Rücken- und Vorderteil:

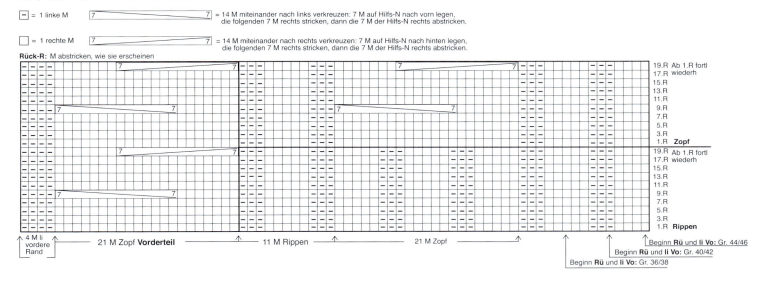

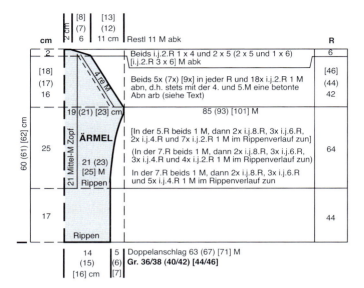

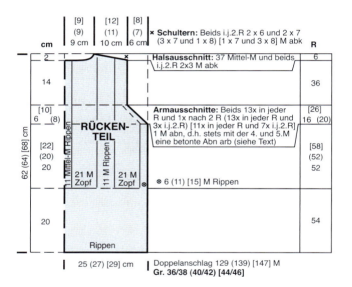

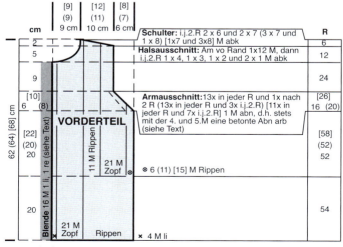

Herrenpullover (s. S. 136)

Größe:

48/50 (52/54) [56/58]

Material:

- 800 (850) [900] g Garn (50% Polyacryl, 35% Alpaka, 15% Schurwolle) in Grau (z.B. Peru von Junghans-Wolle)
- Strick-N 5,0–6,0

Strickmuster: Rippen siehe Strickschrift. Bündchen und Rollkragen: 1 M re, 1 M li mit dünneren N str.

Maschenprobe:

Rippen: 3 Muster = 21 M = 11 cm breit / 25 R = 10 cm hoch.

Betonte Abnahmen: In den Hin-R an der re Seite mit der 3. und 4. M eine überzogene Abn arb., an der li Seite die entsprechenden M re zus-str. In den Rück-R (= Abn in jeder R) an der re Seite die 3. und 4. M li zus-str, an der li Seite die entsprechenden M li verschränkt zus-str.

Rollkragen: 84 M anschlagen und ca. 16 cm 1 M re, 1 M li str. M locker abk wie sie erscheinen.

Fertigstellung: Schulternähte schließen. Ärmel annähen, dann Seiten- und Ärmelnähte schließen. Den Kragen in den Ausschnitt nähen, dann die rückwärtige Naht so schließen, dass er nach außen umgeschlagen werden kann.

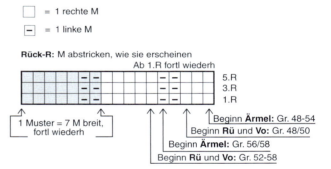

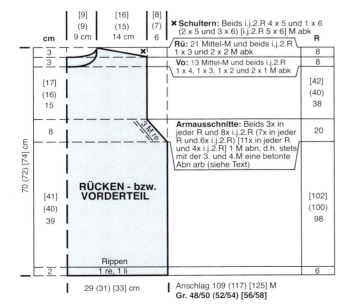

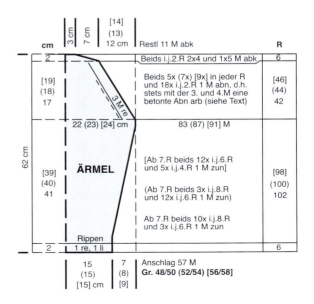

Bekleidung für Sie & Ihn

Taillierter Pullunder (s. S. 138)

Größe:

36–42 (44/46)

Material:

- 400 (450) g Garn (50 % Bambusviskose, 50 % Polyacryl) in Petrol (z.B. Bamboo-Nova von Junghans-Wolle)
- Strick-N 4,5–5,5; für den Rollrand am Halsausschnitt: Rundstrick-N 4,0, Länge 80 cm

Strickmuster:

Glatt re, im Vorderteil und untere Ränder im Rippenmuster siehe Strickschrift. Armblenden im Rippenmuster mit dünneren N arb.

Maschenprobe:

Glatt re:

17 M / 23 R = 10 cm breit / 10 cm hoch

Halsausschnitt: In den Hin-R mit der 12. und 13. M **vor** der Halsmitte eine überzogene Abn arb., **nach** der Halsmitte die 12. und 13. M re zus-str.

Fertigstellung:

Schulternähte schließen. Für die **Armblenden** beids. der Schulternaht 19(20) [21] cm markieren und 82(87)[92] M aufn. Im Rippenmuster (beids. 1 Rand-M für die Naht) in Hin- und Rück-R 14 R = 5 cm str, dann die M abk wie sie erscheinen. Für den **Rollrand** aus dem Halsausschnitt mit der Rundstrick-N 158 M aufn und 6 R = 2 cm glatt re str. Alle M abk.

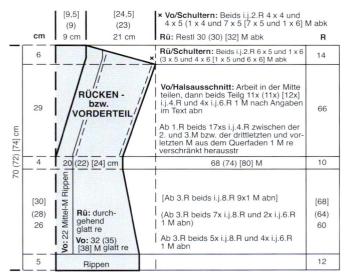

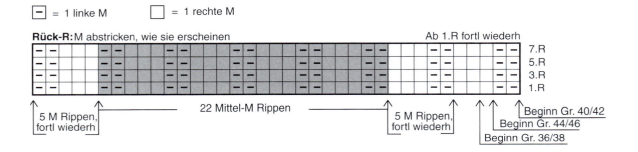

Bekleidung für Sie & Ihn

Stola (s. S. 140)

Entwurf: Babette Ulmer

Breite: 65 cm, Länge: 165 cm

Material:

- 100 g Garn (100 % Merinowolle extrafein) in Schwarz (z.B. Merino Lace von Austermann, Fb. 02), LL = ca. 350 m/ 25 g
- Stricknadeln 4, 5 u. 8 mm (z.B. von Schoeller + Stahl)

Glatt re:

Hin re, Rückr li.

Kraus re:

Hin- und Rückr re.

Maschenprobe genau einhalten! (Falls notwendig, Nd. wechseln)

Ajourmuster 1:

(Maschenprobe: 2-fädig NS 5 19 M × 23 R, gespannt = 10 × 10 cm) (M-Zahl teilbar durch 14 + 13 + 2 RM) Nach Strickschrift 1 arb. Es sind nur die Hinr. gezeichnet. In den Rückr. die M u. U li str. In folg. Einteilung str.: mit den M vor dem Mustersatz (MS) beginnen, den MS fortl. wdh., mit den M nach dem MS enden 1× die 1.–24. R arb.

Ajourmuster 2:

(Maschenprobe: 1-fädig NS 4 20 M × 30 R, gespannt = 10 cm × 10 cm) (M-Zahl teilbar durch 28 + 13 + 2 RM) Nach Strickschrift 2 arb. Es sind nur die Hinr. gezeichnet. In den Rückr. die M u. U li str. In folg. Einteilung str.: Mit den M vor dem Mustersatz (MS) beginnen, den MS fortl. wdh., mit den M nach dem MS enden Die 1.–12. R stets wdh.

Strickschrift 1

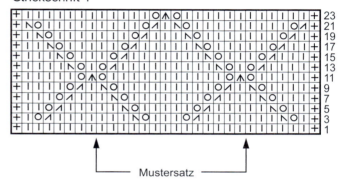

Mustersatz

Streifenfolge:

1. R (= Rückr): Alle M re 2-fädig NS 5.
2. R (= Hinr): Alle M re 2-fädig NS 8.
Die 1. und 2. R 4 × arb.
1 R (= Rückr) re M 2-fädig NS 5.
2 R glatt re 2-fädig NS 5.
24 R das Ajourmuster 1 2-fädig NS 5.
1 R glatt re 2-fädig NS 5.
Die 1. und 2. R 4 × arb.
1 R (= Rückr) re M 2-fädig NS 5.
* 30 R glatt re 1-fädig NS 4, 60 R Ajourmuster 2 1-fädig NS 4. Ab * 4 × arb.
30 R glatt re 1-fädig NS 4.
1 R glatt re 2-fädig NS 5.
Die 1. und 2. R 4 × arb.
1 R (= Rückr) M re 2-fädig NS 5.
24 R das Ajourmuster 1 2-fädig NS 5.
1 R glatt re 2-fädig NS 5.
Die 1. und 2. R 4 × arb.
1 R (= Rückr) re M 2-fädig NS 5.

Bekleidung für Sie & Ihn

Arbeitsanleitung:

127 M mit NS 5 2-fädig anschl. u. 1 x die Streifenfolge str.

Nach 165 cm ab Anschlag die M abk.

I	= 1 M re
+	= Randmasche
O	= 1 Umschlag
⋀	= 2 M re zus-str
⋀	= 2 M überzogen zus-str.: 1 M wie zum Rechtsstr. abh., die folg. M re str. u. die abgehob. M darüberziehen
⋀	= 2 M zusammen wie zum Re-str. abh., die folg. M re str., dann die beiden abgehob. M zus. über die gestr. M ziehen

Fertigstellung:

Stola auf 65 cm x 165 cm spannen, anfeuchten u. trocknen lassen.

Strickschrift 2

Mustersatz

Kleid

Entwurf: Helena Hammer

Größe:

Für Gr. 36 = linke Zahlen
Für Gr. 38/40 = mittlere Zahlen
Für Gr. 42 = rechte Zahlen
Ist nur eine Angabe gemacht, so gilt diese für alle Größen.

Material:

- 175 (175/200) g Garn (75 % Kidmohair-Seide-Garn, 25 % Seide) in Schwarz, LL = ca. 225 m/25 g (z.B. Kid Silk von Austermann, Fb. 02)
- 50 g Garn (100 % Polyester) in Schwarz, LL = ca. 395 m/25 g (z. B. Palila von Austermann)
- Stricknadeln 4, 4,5 u. 5,5 mm

Maschenprobe genau einhalten! (Falls notwendig, Nd. wechseln)

Grundmuster 1:

(Maschenprobe: 18 M u. 27 R = 10 cm × 10 cm), gl. re 1-fädig mit Kidmohair-Seide-Garn u. NS 4,5

Grundmuster 2:

(Maschenprobe: 18 M u. 20 R = 10 cm × 10 cm), gl. re 2-fädig mit Kid Silk u. NS 5,5

Arbeitsanleitung:

Rückenteil:

84 (91/98) M mit Kidmohair-Seide-Garn u. NS 5,5 2-fädig anschl. u. im Grundm. 2 str. 24 cm gerade str. Dann für die Taillierung beids. 1 M abn. u. in jed. folg. 2. R noch 5 × 1 M abn. 4 cm = 8 R gerade str. Dann beids. 1 M zun., in der folg. 2. R noch beids. 1 M zun. u. in jed. folg. 4. R noch beids. 4 × 1 M zun. Für den Armausschnitt nach 45 cm ab Anschlag beids. 3 (5/7) M abk. Für den Halsausschnitt nach 48 cm ab Anschlag die mittl. 12 M abk. u. beide Seiten getrennt beenden. Nach 65 cm ab Anschlag die restl. je 33 (34/36) M für die Schulter abk.

Vorderteil:

Wie das RT beginnen, jedoch für den Halsausschnitt nach 45 cm ab Anschlag für Gr. 36 u. 42 die Arbeit in der Mitte teilen, für Gr. 38/40 die mittl. M abk, beide Seiten getrennt beenden. Für die Rundung in jed. folg. 2. R am inneren Rand noch 3 × 2 M abk. Nach 65 cm ab Anschlag die restl. je 33 (34/36) M abk.

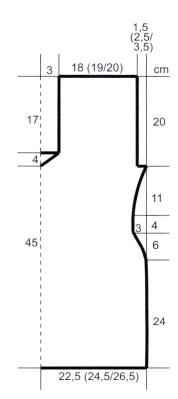

Rockteil:

185 (193/201) M mit Kidmohair-Seide-Garn u. NS 4,5 1-fädig anschl. u. 27 cm im Grundm. l str. Dann die M abk.
Das 2. Rockteil ebenso arb.

Fertigstellung:

Teile lt. Schnitt spannen, anfeuchten u. trocknen lassen. Schulter- u. Seitennähte schließen.
Für die Bänder an der Rüsche 2 × je 8 M mit Polyestergarn u. NS 4 anschl. u. gl. re str. Nach 45 (49/53) cm die M abk.
Für die Bänder an den Schultermaschen 4 × je 25 M mit Polyestergarn u. NS 4 anschl. u. gl. re str. Nach 16 (18/20) cm die M abk.

Die Rüsche am Rockteil jeweils an der oberen Kante mit Heftfaden einreihen, sodass oben 4 cm überstehen. Jeweils 1 Rockteil an die untere Kante von VT u. RT setzen u. annähen. Je 1 Band aus Polyestergarn auf eine Rüsche setzen, sodass oben noch ca. 2 cm Garn herausschauen u. annähen. Die 4 Bänder jeweils lt. Abbildung um die je 33 Schultermaschen herumlegen, dabei ist die untere Kante jeweils in Höhe des rückwärtigen Halsausschnitts (45 cm ab Anschlag). Anschlag- u. Abkettkante zus.-nähen. Die Bänder rundherum unterhalb der oberen Kante festnähen, dabei werden die Schultermaschen auf eine Breite von 8 (9/10) cm zusammengerafft.

Bekleidung für Sie & Ihn

Mantel und Ponchopulli

Entwurf: Manuela Seitter

Für Gr. 36/38 = linke Zahlen
Für Gr. 40–44 = rechte Zahlen
Ist nur eine Angabe gemacht, so gilt diese für beide Größen.

Material:

- 125 (150) g Merinogarn (100 % Merino-Schurwolle extrafine) in Beige (z.B. Merino Lace von Austermann, Fb. 05), LL = ca. 350 m/25 g; Mantel: 75 (100) g, Ponchopulli: 50 g
- Glitzereffektgarn (88 % Polyamid, 12 % Polyester) in Schwarz, LL = ca. 125 m/25 g (z.B. Delight von Austermann, Fb. 02)
- Strickn und Rundstrickn 4,5 mm, Häkeln Nr. 4

Mantel

Grundmuster:

(Maschenprobe: 17 M u. 28 R = 10 cm × 10 cm **ungespannt**!) Anfangs M-Zahl teilbar durch 10 + 1 + 2 RM, mit NS 4,5 lt. Strickschrift arb. Es sind die Hinr. gezeichnet. In den Rückr. die M u. U li str. Die leeren Kästchen haben keine Bedeutung. 1.–8. R 1 × str., 9.–14. R fortlaufend wdh.

Rückenteil:

73 (83) M mit Merinogarn u. NS 4,5 anschl. u. in der Rückr. li M str. Weiter im Grundm. nach Strickschrift arb. in folg. Einteilung: RM, mit den M vor dem MS beginnen, den MS 6 (7) × arb., mit den M nach dem MS enden, RM. Nach 232 R = 83 cm ab Anschlag die M abk.

Linkes Vorderteil:

43 (53) M mit Merinogarn u. NS 4,5 anschl. u. in der Rückr. li M str. Weiter im Grundm. nach Strickschrift arb. in folg. Einteilung: RM, mit den M vor dem MS beginnen, den MS 3 (4) × arb., mit den M nach dem MS enden, RM. Nach 168 R = 60 cm ab Anschlag für den V-Ausschnitt am li Arbeitsrand 1 M abn., in jed. folg. 4. R noch 3 (1) × 1 M abn. u. in jed. folg. 2. R noch 25 (29) × 1 M abn. Nach 232 R = 83 cm ab Anschlag die restl. 14 (22) M für die Schulter abk.

Das **rechte Vorderteil** gegengleich arb.

Ärmel:

43 (53) M mit Merinogarn u. NS 4,5 anschl. u. in der Rückr. li M str. Weiter im Grundm. nach Strickschrift arb. in folg. Einteilung: RM, mit den M vor dem MS beginnen, den MS 3 (4) × arb., mit den M nach dem MS enden, RM. Nach 126 Reihen = 45 cm ab Anschlag die M locker abk.

Fertigstellung:

Teile anfeuchten, spannen und trocknen lassen. Dadurch werden die Einzelteile größer und das Muster luftiger. Aus den Anschlagkanten der Ärmel für die Borte 50 Maschen mit Glitzereffektgarn und NS 4,5 auffassen u. 2 R re M str. In der 3. Reihe 2 M abk., *die M wieder auf die linke Nadel heben und 2 M neu aufstricken, 5 Maschen abk.* Fortl. wdh., bis alle Mn abgekettet sind. Schulternähte schließen. Ärmel einsetzen. Seiten- u. Ärmelnähte schließen. Aus den geraden Seitenkanten der VT 120 Maschen mit Glitzereffektgarn

Bekleidung für Sie & Ihn

u. NS 4,5 auffassen und in der Rückr. re M str. In der folg. R die M abk. Aus der Halsausschnittkante (V-Ausschnitt) für die Borte 122 M (je 42 Maschen an den VT und 38 Maschen an der rückwärtigen Halsausschnittkante) auffassen und ebenso wie an den Ärmelkanten die Borte stricken. Fäden vernähen.

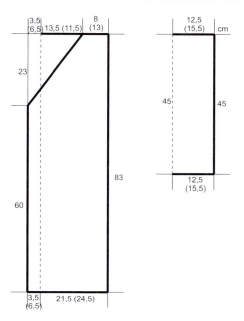

∣	= 1 M re
—	= 1 M li
⁄	= 2 M re zus-str
∖	= 2 M überzogen zus-str.: 1 M wie zum Rechtsstr. abh., die folg. M re str. u. die abgehob. M darüberziehen
∧	= 2 M zusammen wie zum Re-str. abh., die folg. M re str., dann die beiden abgehob. M zus. über die gestr. M ziehen

Ponchopulli

Grundmuster:

(Maschenprobe: 16,5 M u. 32 R = 10 cm x 10 cm **ungespannt**!)
M-Zahl teilbar durch 22 + 1 + 2 RM, mit NS 4,5 lt. Strickschrift arb. Es sind die Hinr. gezeichnet. In den Rückr. die M u. U li str.
1. –20. R fortl. wdh.

Arbeitsanleitung:

Der Poncho besteht aus 2 gleichen Rechtecken, die hinterher nach Schemazeichnung zus.genäht werden.
Für das 1. Rechteck 69 (91) M mit Merinogarn u. NS 4,5 anschl. u. in der Rückr. li M str. Weiter im Grundm. in folg. Einteilung: RM, 3 (4) x MS, mit der M nach dem MS enden, RM. Nach 62 (78) cm ab Anschlag die M abk. 2. Rechteck ebenso arb.

Fertigstellung:

Teile anfeuchten, spannen und trocknen lassen. Dadurch werden die Einzelteile größer und das Muster luftiger. Die beiden Rechtecke lt. Schemazeichnung aneinanderlegen u. zus.nähen. Anschließend * auf * und ° auf ° legen u. dazwischen die Naht über 42 (55) cm schließen. Für die Armausschnitte 20 (23) cm offenlassen und darunter noch eine Naht über ca. 3 cm schließen (siehe Schemazeichnung). Den Halsausschnitt, die unteren Kanten sowie die Ärmelkante mit Glitzereffektgarn u. 1 R Krebsmaschen umhäkeln.

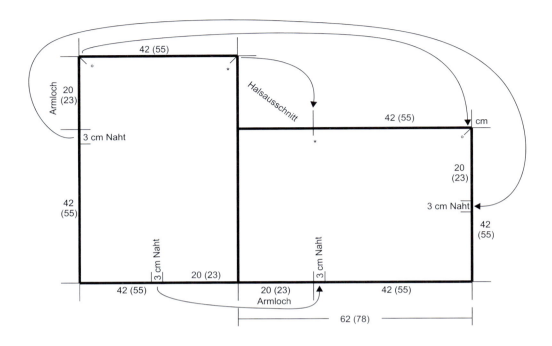

Strickschrift Ponchopulli

MS = 22 M

Strickschrift Mantel

MS

Geringeltes Top

Größe:

Für Gr. 36 = linke Zahlen
Für Gr. 38/40 = mittlere Zahlen
Für Gr. 42 = rechte Zahlen
Ist nur eine Angabe gemacht, so gilt diese für alle Größen.

Material:

- 100 (150/200) g Garn (100% Baumwolle, mercerisiert und gasiert) in Schwarz (z.B. Algarve von Austermann, Fb. 02)
- je 100 g Garn (100% Baumwolle, mercerisiert und gasiert) in Weiß, Orange, Hellblau, Dunkelblau, Magenta, Lindgrün (z.B. Algarve von Austermann, Fb. 01 weiß, 06 orange, 23 capri, 25 royal, 41 fuchsia, 49 vitamin)
- Stricknadeln u. Häkelnadel 3,5 mm (z.B. von Schoeller + Stahl)

Bundmuster:

kraus re (Hin u. Rückr. re M) mit NS 3,5

Farbfolge Bundmuster:

2 R weiß, 2 R schwarz im Wechsel

Maschenprobe genau einhalten! (Falls notwendig, Nd. wechseln)

Grundmuster:

(Maschenprobe: 24 M u. 32 R = 10 cm x 10 cm), mit NS 3,5
1. R: RM, 7 (3/8) M re, * 3 x 2 M re zus-str., 6x 1 M re u. 1 U im Wechsel, 3 x 2 M re. zus-str. *, von * bis * = 18 M noch 3 (4/4) x wdh., enden mit 7 (3/8) M re, RM
2. R: RM, alle M u. U. li, RM
3. R: wie 1. R
4. R: wie 2. R
5.–8. R: RM, alle M gl. re, RM
9. R: wie 1. R
10. R: wie 2. R
11. R: wie 1. R
12. R: wie 2. R
13.–14. R: RM, alle M gl. re, RM
15. R: wie 1. R
16. R: wie 2. R
17. R: wie 1. R
18. R: wie 2. R
19.–22. R: kraus re
23. R.: wie 1. R
24. R: wie 2. R
25. R: wie 1. R
26. R: wie 2. R
27.–30. R: kraus re
Die 1.–30. R fortl. wdh.

Farbfolge Ringel:

* 2 R weiß, 2 R orange, 2 R hellblau, 2 R orange, 2 R lindgrün, 2 R magenta, 2 R schwarz *
Von * bis * fortl. wdh.

Rückenteil:

88 (98/108) M mit Schwarz anschl. u. in der Rückr. re M str. Weiter im Bundm. arb. nach Farbfolge. Nach 4 cm ab Anschlag = 11 Rippen nach Farbfolge Ringel weiterarb., dabei die folgenden vier R gl. re str. u. die weiteren R im Grundm. arb. Für die

Taillierung nach 21 cm ab Anschlag beids. 1 M abn. u. jed. folg. 16 noch beids. noch 2 x 1 M abn. In der folg. 20. R beids. 1 M zun. u. jed. folg. 18. R noch beids. 2 x 1 M zun.

Gleichzeitig für den Schlitz nach 39 (40/41) cm ab Anschlag die Arbeit in der Mitte teilen u. beide Seiten getrennt beenden. Für den Armausschnitt nach 51 cm ab Anschlag beids. 1 M abn. u. in jed. folg. 2. R noch beids. 2 (4/6) x 1 M abn. Nach 61 (62/63) cm ab Anschlag die restl. je 41 (44/47) M abk.

Vorderteil:

88 (98/108) M mit Schwarz anschl. u. in der Rückr. re M str. Weiter im Bundm. arb. nach Farbfolge. Nach 4 cm ab Anschlag = 11 Rippen nach Farbfolge Ringel weiter arb., dabei die folgenden vier R gl. re str. u. die weiteren R im Grundm. arb.

Für die Taillierung nach 21 cm ab Anschlag beids. 1 M abn. u. jed. folg. 16 noch beids. 1 M abn. In der folg. 20. R beids. 1 M zun. u. jed. folg. 18. R noch beids. 2 x 1 M zun. Für den Armausschnitt nach 51 cm ab Anschlag beids. 1 M abn. u. in jed. folg. 2. R noch beids. 2 (4/6) x 1 M abn. = 82 (88/94) M. Nach 61 (62/63) cm ab Anschlag die mittl. 38 (44/50) M abk. u. beide Seiten getrennt beenden. Für die Rundung am inneren Rand in jed. folg. 2. R noch beids. 1 x 6, 1 x 4 u. 4 x 3 M abk. Gesamtlänge 64 (65/66) cm.

Fertigstellung:

Teile lt. Schnitt spannen, anfeuchten u. trocknen lassen. Für die Seitenteile lt. Häkelschrift Seitenteil arb. 1x die 1.–3. R arb. Dann die 2. u. 3. R fortl. wdh. Nach 51 cm ab Anschlag die Arbeit beenden. Die Seitenteile beids. zwischen VT u. RT annähen. Für die **vordere Halsblende** aus dem vorderen Halsausschnitt 82 (88/92) M mit Schwarz herausstr. u. eine Rückr. re M str. Weiter im Bundm. nach Farbfolge arb. Nach 3 cm = 7 Rippen die M abk.

Für die **rückwärtige Halsblende** aus dem re Schulterteil mit Schwarz 41 (44/47) M herausstr. u. noch 53 (56/59) M dazu anschl. = 94 (100/106) M. In der Rückr. re M str. Weiter im Bundm. nach Farbfolge. Nach 3 cm = 7 Rippen die M abk.

Für die **2. rückwärtige Halsblende** 53 (56/59) M mit Schwarz anschl. u. aus dem li Schulterteil 41 (44/47) M herausstr. = 94 (100/106) M. In der Rückr. re M str. Weiter im Bundm. nach Farbfolge. Nach 3 cm = 7 Rippen die M abk.

Die beiden Halsblenden vom RT über Kreuz über der Halsblende des anderen Schulterteils annähen, dabei in der Mitte jeweils 12 M frei lassen.

Den Schlitz am Rückenteil u. die Armausschnitte mit 1 Rd. fM in Schwarz umhäkeln.

Für die Trägerteile lt. Häkelschrift je 8 cm arb. u. lt. Abbildung an den Blendenteilen annähen.

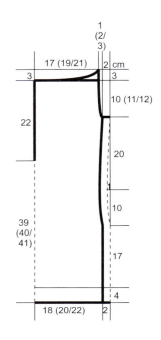

	= feste Masche
•	= Luftmasche

Häkelschrift Seitenteil

Bekleidung für Sie & Ihn

Herrenjacke

Größe:
48/50 (52/54) [56/58]

Material:
- 850 (900) [950] g Garn (50 % Merino-Schurwolle, 50 % Polyacryl) in Dunkelgrün (z.B. Merino-classic von Junghans-Wolle)
- 2-Wege-Reißverschluss in Dunkelgrün, 70 cm lang
- Strick-N 5,0–6,0

Strickmuster:
Rippen und Muster s. Strickschrift

Maschenproben:
Rippen: 18 M/25 R = 10 cm breit/10 cm hoch
Muster: 50 M = 21 cm breit/25 R = 10 cm hoch

Kragen:
77(87)[92] M anschlagen und 22 R = 8 cm Rippen str. M locker abk, wie sie erscheinen. Fertigstellung: **Schulternähte** schließen. Ärmel annähen, dann Seiten- und Ärmelnähte schließen. Kragen mit dem Abkettrand in den Ausschnitt nähen. Reißverschluss einnähen.

Bekleidung für Sie & Ihn

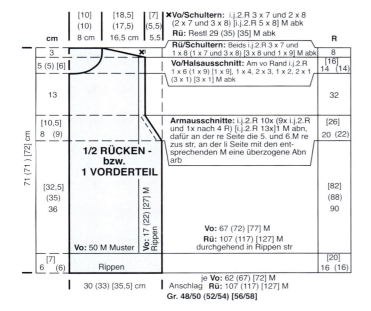
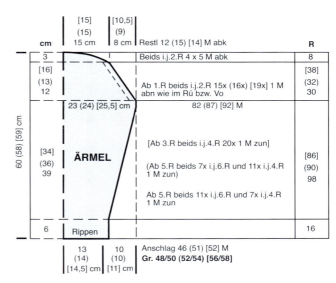
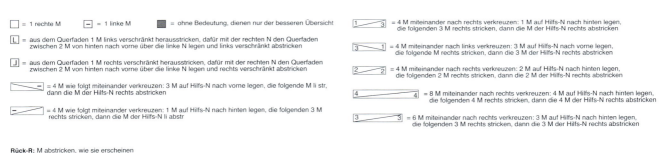
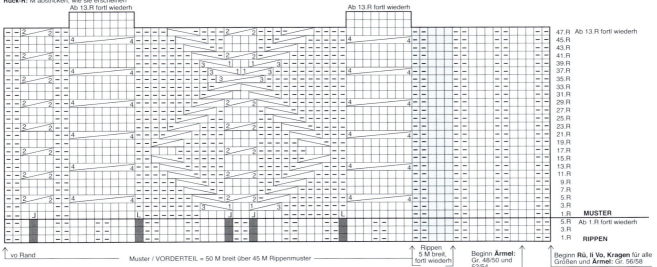

KINDERBEKLEIDUNG

Babypulli mit Zopfmuster

Entwurf: Käte Stödter

Größe:

Für Gr. 74/80 = linke Zahlen
Für Gr. 86/92 = mittlere Zahlen
Für Gr. 98/104 = rechte Zahlen
Ist nur eine Angabe gemacht, so gilt diese für alle Größen.

Material:

- 100 g Garn (53 % Schurwolle, 47 % Polyacryl) in Braun, LL = ca. 400 m/100 g (z.B. Murano Lace von Austermann, Fb. 06 nuss)
- Stricknadeln und Nadelspiel 4 u. 5 mm
- 3 Druckknöpfe

Bundmuster:

1 M re, 1 M li im Wechsel mit NS 4

Maschenprobe genau einhalten! (Falls notwendig, Nd. wechseln) Grundmuster: (Maschenprobe: 18 M u. 28 R = 10 cm x 10 cm), gl. re mit NS 5

Zopf:

Nach Strickschrift arb. Es sind die Hinr. gezeichnet, in den Rückr. die M str., wie sie erscheinen.
1x die 1.–10. R str., dann die 3.–10. R fortl. wdh.

Arbeitsanleitung:

Der Pulli wird oben am Kragen begonnen u. nach unten gestrickt. Zunächst in R arb. (in der HM ist ein Schlitz), dann in Rd.
71 M anschl. u. in der Rückr. re M str. In der 1. R die M wie folgt einteilen: 3 M kraus, 18 M Bundm. (1 M li, 1 M re, usw.), 2 M li, 25 M Zopf, 2 M li, 18 M Bundm., 3 M kraus.
3 cm in dieser Einteilung str.
Dann mit den Zunahmen für die Raglanschrägung beginnen wie folgt: 3 M kraus, 9 M re, 1 M aus dem Querfaden re verschr zun. (alle Zunahmen so str.), 2 M re, 1 M zun., 5 M re, 1 M zun., 2 M re, 1 M zun., 2 M li, 25 M Zopf, 2 M li, 1 M zun., 2 M re, 1 M zun., 5 M re, 1 M zun., 2 M re, 1 M zun., 9 M re, 3 M kraus.
Nach 9 cm ab Anschlag in Rd. weiterstr. Dafür die Krausmaschen der Blenden übereinanderlegen u. 3 x je 2 M re zus.str., sodass Ober- u. Untertritt entsteht.
Für die Raglanschrägung insgesamt jeweils 16 (20/23) x 1 M beids. der unterstrichenen 2 M re zun. = 199 (231/255) M. Die zugenommenen M gl. re str. Noch 1 Rd. ohne Zunahmen arb., dann je 39 (47/53) M für die Ärmel stilllegen u. mit den 121 (137/149) M für VT u. RT in Rd. weiterstr.
Nach 30 (34/38) cm ab Anschlag die M beids. des Zopfes u. die je 2 M li im Bundm. str. Nach weiteren 3 cm die M im M-Rhythmus abk.

Kinderbekleidung

Nun mit den 39 (47/53) M für die Ärmel mit dem Nadelspiel in Rd. weiter str. Statt Naht an der Unterarmlinie 2 M markieren u. in jed. folg. 6. Rd. beids. davon 5 (7/9) x 1 M abn. = 29 (33/35) M. Nach 26 (32/38) cm ab Beginn Ärmel weiter im Bundm. str, dabei in der 1. Rd. 1 M abn. = 28 (32/34) M. Nach weiteren 3 cm die M im M-Rhythmus abk. 2. Ärmel ebenso beenden.

Fertigstellung:

Teil spannen, anfeuchten und trocknen lassen. Druckknöpfe an Ober- u. Untertritt annähen.

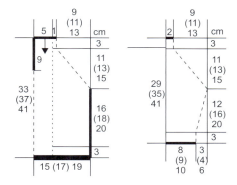

Babyjacke mit Zopfmuster (s. S. 156)

Entwurf: Babette Ulmer

Größe:

Für Gr. 74 = linke Zahlen
Für Gr. 80 = mittlere Zahlen
Für Gr. 86 = rechte Zahlen
Ist nur eine Angabe gemacht, so gilt diese für alle Größen.

Material:

- 150 (200/200) g Garn (100% Merinowolle) in Naturweiß, LL = ca. 160 m/50 g (z.B. Merino 160 von Austermann, Fb. 0210 natur)
- Stricknadeln 3,5 und 4 mm
- 4 Knöpfe, 28" (z.B. von Jim Knopf)

Bundmuster 1:

1 M re, 1 M li im Wechsel mit NS 3,5

Zopfmuster 1:

1. R (= Hinr): 4 M re.
2. R (= Rückr): 4 M li.
3. R (= Hinr): 2 M vor die Arbeit legen, 2 M re, dann die M der Hilfsnadel re str.
4. R (= Rückr): 4 M li.
Die 1.–4. R fortl. wdh.

Zopfmuster 2:

1. R (= Hinr): 6 M re.
2. R (= Rückr): 6 M li.
3. R (= Hinr): 6 M re.
4. R (= Rückr): 6 M li.
5. R (= Hinr): 3 M vor die Arbeit legen, 3 M re, dann die M der Hilfsnadel re str.
6. R (= Rückr): 6 M li.
Die 1.–6. R fortl. wdh.

Zopfmuster 3:

1. R (= Hinr): 9 M re.
2. R (= Rückr): 9 M li.
3. R (= Hinr): 9 M re.
4. R (= Rückr): 9 M li.
5. R (= Hinr): 3 M hinter die Arbeit legen, 3 M re, dann die M der Hilfsnadel re str., 3 M re.
6. R (= Rückr): 9 M li.
7. R (= Hinr): 9 M re.
8. R (= Rückr): 9 M li.
9. R (= Hinr): 9 M re.
10. R (= Rückr): 9 M li.
11. R (= Hinr): 3 M re, 3 M vor die Arbeit legen, 3 M re, dann die M der Hilfsnadel re str.
12. R (= Rückr): 9 M li.
Die 1.–12. R fortl. wdh.

Maschenprobe genau einhalten! (Falls notwendig, Nd. wechseln)

Grundmuster:

(Maschenprobe: 23 M u. 32 R = 10 cm x 10 cm), gl. re

Mascheneinteilung:

(Maschenprobe: 29 M u. 32 R = 10 cm x 10 cm, leicht gedehnt)

Kinderbekleidung

Verkürzte Reihen:

Die Reihe wird nur zum Teil gestrickt. Die restl. M werden stillgelegt. Die Arbeit wenden, 1 U arb. und nach Musterfolge str. Wenn wieder über alle M gearbeitet wird, den U mit der folg. M zus-str.

Rückenteil:

64 (68/74) M anschl. u. im Grundm. str. Nach 6 (7/8) cm ab Anschlag für die Armausschnitte beids. in jed. 2. R 1 × 3, 1 × 2 u. 2 × 1 M abk. = 50 (54/60) M. Nach 14 (16/18) cm ab Anschlag für den Halsausschnitt die mittl. 28 M abk. Nach 14,5 (16,5/18,5) cm ab Anschlag restl. M abk.

Linkes Vorderteil:

30 (32/35) M anschl. u. im Grundm. str. Nach 6 (7/8) cm ab Anschlag für den Armausschnitt am rechten Arbeitsrand in jed. 2. R 1 × 3, 1 × 2 u. 2 × 1 M abk. = 23 (25/28) M. Nach 11 (13/15) cm ab Anschlag für den Halsausschnitt am linken Arbeitsrand 1 × 5 M, in jed. 2. R 1 × 3, 1 × 2 u. 2 × 1 M abk. Nach 14,5 (16,5/18,5) cm ab Anschlag die restl. 11 (13/16) M abk.

Rechtes Vorderteil gegengleich arb.

Ärmel:

37 (42/47) M anschl. u. 2 cm im Bundm. str. Dann im Grundm. weiterarb. Für die Ärmelschräge beids. in jed. 6. R 3 × 1 M zun. = 43 (48/53) M. Nach 9 cm ab Anschlag für die Armkugel beids. in jed. 2. R 1 × 2, 1 × 1 M, in jed. 4. R 4 × 1 M u. in jed. 2. R 1 × 2 M (2 × 2, 1 × 1 M, in jed. 4. R 3 × 1 M u. in jed. 2. R 2 × 2 M / 1 × 3, 1 × 2, 1 × 1 M, in jed. 4. R 3 × 1 M u. in jed. 2. R 1 × 2, 1 × 3 M) abk. Nach 15 cm ab Anschlag die restl. 25 (24/25) M abk.
Den 2. Ärmel ebenso arb.

Fertigstellung:

Teile spannen, anfeuchten und trocknen lassen. Die Schulter- und Seitennähte schließen.

Unteres Jackenteil:

(Man beginnt am Verschlussrand des rechten Vorderteils.)

45 M anschl. u. M wie folgt einteilen: RM, 1 M li, 4 M Zopfmuster 1, 2 M li, 2 M re, 2 M li, 6 M Zopfmuster 2, 2 M li, 2 M re, 2 M li, 9 M Zopfmuster 3, 2 M li, 2 M re, 2 M li, 4 M Zopfmuster 1, 1 M li, RM.
* Für die verkürzten R in der 14. (16./16.) R (= Rückr) nur noch über die 12 M arb. (= 33 M stilllegen), in der folg. 2. R (= Rückr) über 21 M arb. (= 24 M bleiben weiterhin stillgelegt) und in der folg. 2. R (= Rückr) über 27 M arb. (= 18 M bleiben weiterhin stillgelegt). Dann wieder über alle M arb. Ab * 2 × arb. Nun 14 (14/16) R ohne verkürzte R arb.
Diese 42 (46/48) R, bzw. 54 (58/60) R insgesamt 4 × arb. = 168 (184/192) R, bzw. 216 (232/240) R. M abk.

Fertigstellung:

Ärmel einsetzen, dabei oben etwas einhalten. Aus dem Halsausschnitt 69 M auffassen und 2 cm im Bundm. str. Aus den Verschlussrändern der Vorderteile je 82 M auffassen und 2 cm im Bundm. str., dabei nach 1 cm in die Blende der rechten Vorderteilhälfte ab ca. 9 cm Gesamthöhe gleichmäßig verteilt 4 Knopflöcher (= 2 M re zus-str., 1 U) arb. Knöpfe annähen.

Kurzarm-Babyjacke mit Zopfmuster
(s. S. 159)

Entwurf: Babette Ulmer

Größe:

Für Gr. 74 = linke Zahlen
Für Gr. 80 = mittlere Zahlen
Für Gr. 86 = rechte Zahlen
Ist nur eine Angabe gemacht, so gilt diese für alle Größen.

Material:

- 200 (200/200) g Garn (100 % Merino-Schurwolle superfine) in Grau (z.B. Merino 105 von Austermann, Fb. 0329), LL = ca. 105 m/ 50 g
- Stricknadeln 5 mm (z. B. von Schoeller + Stahl)
- 4 Knöpfe 28" (z.B. von Jim Knopf)

Bundmuster:

Kraus re (Hin- u. Rückr re) mit NS 5

Zopfmuster:

(Maschenprobe: 28 M u. 28 R = 10 cm x 10 cm), nach Strickschrift arb.

Maschenprobe genau einhalten! (Falls notwendig, Nd. wechseln)

Grundmuster:

(Maschenprobe: 20 M u. 28 R = 10 cm x 10 cm), gl. re

Rückenteil:

76 (84/92) M anschl. u. 1,5 cm im Bundm. str. Weiter im Grundm. Nach 13,5 (14,5/15,5) cm ab Anschlag M wie folgt einteilen: RM, 1 M li, * 8 M Zopfmuster, ab * 9 (10/11) x arb., 1 M li, RM. Nach 15,5 (16,5/17,5) cm ab Anschlag beids. 1 x 2 M abk. und die restl. 72 (80/88) M stilllegen.

Linkes Vorderteil:

36 (38/44) M anschl. u. 1,5 cm im Bundm. str. Weiter im Grundm. Nach 13,5 (14,5/15,5) cm ab Anschlag M wie folgt einteilen: RM, 1 (3/1) M li, * 8 M Zopfmuster, ab * 4 (4/5) x arb., 1 M li, RM. Nach 15,5 (16,5/17,5) cm ab Anschlag am rechten Rand 1 (2/1) x 2 re zus-str. und die restl. 34 (34/42) M stilllegen.

Rechtes Vorderteil gegengleich arb.

Ärmel:

40 (44/48) M anschl. u. 1,5 cm im Bundm. str., dabei in der letzten R gleichmäßig verteilt 12 (16/20) M zun. = 52 (60/68) M. Dann M wie folgt einteilen: RM, 1 M li, * 8 M Zopfmuster, ab * 6 (7/8) x arb., 1 M li, RM. Nach 3,5 cm ab Anschlag beids. 1 x 2 M abk. und die restl. 48 (56/64) M stilllegen. Den 2. Ärmel ebenso arb.

Passe:

Die stillgelegten M aller Teile auf eine Nadel nehmen = 236 (260/300) M. Das Zopfmuster inkl. den Abnahmen fortsetzen, dabei in der 1. R die ersten u. letzten 2 linken M li zus-str. = 234 (258/298) M. Dann noch 1,5 cm im Bundm. str., dabei in der 1. R gleichmäßig verteilt 22 M abn. Die restl. 67 (76/91) M abk.

Fertigstellung:

Teile spannen, anfeuchten und trocknen lassen. Die Nähte schließen. Aus den Verschlussrändern der Vorderteile je 56 M auffassen und 2 cm im Bundm. str., dabei nach 1 cm in die Blende der rechten Vorderteilhälfte ab 12 (13/14) cm Gesamthöhe gleichmäßig verteilt 4 Knopflöcher (= 2 M re zus-str., 1 U) arb. Knöpfe annähen.

I	= 1 M re
−	= 1 M li
=	= 2 M li zus-str.
⌐	= die 2. M zuerst hinter der 1. M re str., dann die 1. M re str.
⌐⌐	= 2 M auf eine Hi-Nd. vor die Arbeit legen, 2 M re, die M der Hi-Nd. re str.
⌐⌐⌐	= 3 M auf eine Hi-Nd. vor die Arbeit legen, 3 M re, die M der Hi-Nd. re str.
⌐ᴧ	= 1 M auf eine Hi-Nd. vor die Arbeit legen, 2 M re zus-str., dann die M der Hilfsnadel re str.
ᴧ⌐	= 2 M auf eine Hi-Nd. vor die Arbeit legen, 2 M re zus-str., dann die M der Hilfsnadel re str.
⌐ᴧ⌐	= 2 M auf eine Hi-Nd. vor die Arbeit legen, 2 M re zus-str., 1 M re, dann die M der Hilfsnadel re str.
⌐ᴧ⌐⌐	= 3 M auf eine Hi-Nd. vor die Arbeit legen, 2 M re zus-str., 1 M re, dann die M der Hilfsnadel re str.

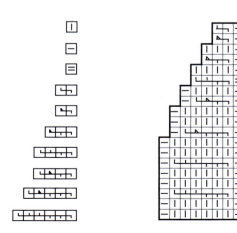

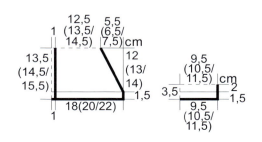

Kinderbekleidung

Babyjacke mit Pikots

Entwurf: Käte Stödter

Größe:

Für Gr. 56/62 = linke Zahlen
Für Gr. 68/74 = mittlere Zahlen
Für Gr. 80/86 = rechte Zahlen
Ist nur eine Angabe gemacht, so gilt diese für alle Größen.

Material:

- 100 g Garn (53 % Schurwolle, 47 % Polyacryl) in Bordeaux (z.B. Murano Lace von Austermann, Fb. 05)
- Stricknadeln 3,5 mm, Häkelnadel 3 mm
- 4 Knöpfe in Schwarz, 28"

Maschenprobe genau einhalten! (Falls notwendig, Nd. wechseln)

Grundmuster:

(Maschenprobe: 21 M u. 40 R = 10 cm x 10 cm), kraus re (Hin. u. Rückr. re M) mit NS 3,5

Verkürzte bzw. verlängerte Reihen:

Die Reihe wird nur zum Teil gestrickt lt. angegebener M-Zahl. Mit 1 U wenden. Wenn wieder über den U gestrickt wird, diesen mit der M danach re zus-str., damit keine Löcher entstehen.

Pikots:

* 3 LM, 1 Kettm. in die 1. LM, 1 M übergehen, 1 Kettm., ab * fortl. wdh.

Arbeitsanleitung:

Die Jacke wird quer in einem Stück gestrickt. Beginn ist an der rechten Vorderteilkante.
55 (65/75) M anschl. u. im Grundm. str. Nach 1,5 cm ab Anschlag für die Knopflöcher die 5. u. 6. M sowie die 14. u. 15. (16. u. 17./ 18. u. 19.) M ab re Rand abk. In der folg. R die abgeketteten M wieder anschl. Nach 4 cm ab Anschlag mit den verkürzten R beginnen wie folgt:
1. R: über alle M str.
2. R (=Rückr.): 35 (41/47) M str., mit 1 U wenden.
3. R: 35 (41/47) M str.
4. R: 47 (55/63) M str., mit 1 U wenden.
5. R: 47 (55/63) M str.
6. R: über alle M str.
Die 1.–6. R 8 (9/10) x wdh. Gleichzeitig nach 6,5 cm ab Anschlag am re Arbeitsrand noch mal 2 Knopflöcher arb. wie oben beschrieben. Das **rechte Vorderteil** misst nun 17,5 (19/20,5) cm, gemessen am li Arbeitsrand. Nun am li Arbeitsrand 34 (40/46) M stilllegen u. mit den restl. 21 (25/29) M den **rechten Ärmel** arb. Dafür weiter in verkürzten R arb. wie folgt:
1. R: über alle M str.
2. R: 6 (7/8) M str., mit 1 U wenden.
3. R: 6 (7/8) M str.
4. R: 13 (15/17) M str., mit 1 U wenden.
5. R: 13 (15/17) M str.
6. R: über alle M str.
Die 1.–6. R 8 (10/12) x wdh. Der Ärmel misst nun 54 (66/78) R = 13 (16/19) cm, gemessen am li Arbeitsrand.
Nun die stillgelegten 34 (40/46) M wieder mit auf die Nd. nehmen u. über alle M das **Rückenteil** arb. Dafür die verkürzten R wie beim re VT insgesamt 18 (20/22) x arb. Das RT misst nun 27 (30/33) cm,

Kinderbekleidung

gemessen am li Arbeitsrand. Nun am li Arbeitsrand 34 (40/46) M stilllegen u. mit den restl. 21 (25/29) M den **linken Ärmel** ebenso wie den re Ärmel arb.

Anschließend die stillgelegten 34 (40/46) M wieder mit auf die Nd. nehmen u. über alle M das **linke Vorderteil** arb. Dafür die verkürzten R ebenso wie beim re VT insgesamt 9 (10/11) x arb. Das li VT misst nun 13,5 (15/16,5) cm, gemessen am li Arbeitsrand. Nun für die Blende noch 4 cm gerade weiterstr. u. die M abk.

Fertigstellung:

Teil spannen, anfeuchten und trocknen lassen. Alle offenen Kanten mit 1 R Pikots umhäkeln, dabei den Halsausschnitt auf ca. 32 (36/40) cm einhalten. Knöpfe annähen.

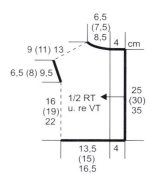

Strickjacke für Mädchen

Größe:

18 Monate/2–3 Jahre/4 Jahre/6 Jahre

Modellmaße:

Oberweite: 56/62/70/78 cm
Länge: 39/43/47/52 cm

Material:

- 250/250/300/350 g Garn (50 % Merinowolle extrafein, 50 % Yak-Haar) in Braun (z.B. Lang Yarns Yak braun 772.0068)
- Stricknadeln Nr. 5 (z.B. von Addi)
- Wollhäkelnadel Nr. 4½
- 6 Knöpfe

Muster I:

Häkelmuster: feste Maschen (fM) mit N Nr. 4 ½

Muster II:

glatt re = Vorders re, Rücks li. mit N Nr. 5

Maschenprobe:

Muster II N Nr 5: 17 M = 10 cm breit, 24 R = 10 cm hoch

Tipp:

Abk beim Häkeln: Am R-Ende werden die entsprechenden M vor dem Wenden stehen gelassen.

Rückenteil:

Anschl 45/50/57/64 Lftm. Im Muster I häk, zum Wenden 1 Lftm häk. **Armausschnitte:** Bei 5/6/8/10 cm ab Anschl beids. 1 × 2/2/3/3 fM und 2 ×/2 ×/2 ×/3 ×1 f M abk = 37/42/47/52 fM. Bei 17,5/19,5/21,5/23,5 cm ab Anschl die Arb beenden.

Für das untere Rückenteil aus der Anschl-Kante mit N Nr 5 60/66/75/84 M auffassen. Im Muster II weiterstr. **Gleichzeitig** beids. 4×1 M jede 8. R aufn = 68/74/83/92 M. Bei 21,5/23,5/25,5/28,5 cm ab Auffasskante die M locker abk.

Linkes Vorderteil:

Anschl 30/33/37/41 Lftm. Im Muster I häk, zum Wenden 1 Lftm häk. **Armausschnitte:** Bei 5/6/8/10 cm ab Anschl an der re Kante 1 × 2/2/3/3 M und 2 ×/2 ×/2 ×/3 × 1 M abk = 26/29/32/35 fM. **Halsausschnitt:** Bei 13/15/17/19 cm ab Anschl an der li Kante 1 × 8/9/10/11 fM, 1 × 5 fM und 2 ×/2 ×/3 ×/3 × 1 fM abk = 11/13/14/16 fM. Bei 17,5/19,5/21,5/23,5 cm ab Anschl die Arb beenden. Für das untere Vorderteil aus der Anschl-Kante mit N Nr 5 39/43/48/53 M auffassen. Im Muster II weiterstr, dabei die ersten 2 M an der re Kante auf der Vorder- und Rücks re str. **Gleichzeitig** an der li Kante 4 × 1 M jede 8. R aufn = 43/47/52/57 M. Bei 21,5/23,5/25,5/28,5 cm ab Auffasskante die M locker abk.

Rechtes Vorderteil:

Wie am li Vorderteil beginnen, dabei **6 Knopflöcher** wie folgt arb: In der 2. R (Rücks) 2 fM,

Kinderbekleidung

1 Lftm, 11 fM überspringen, 8/8/9/9 fM, 1 Lftm, 1 fM überspringen, die R beenden. Diese Knopflöcher in der 12. und 22. R wdh. Den Arm- und Halsausschnitt sowie das untere Vorderteil gegengleich zum li Vorderteil arb.

Ärmel:

Anschl 27/29/32/35 Lftm. im Muster I häk. Bei 8/8/9/10 cm ab Anschl die Arb beenden. Aus den fM mit N Nr 5 36/39/42/45 M auffassen. Im Muster II weiterstr, dabei beids. jede 8. R 3 x/3 x/4 x/4 x 1 M aufn = 42/45/50/53 M. **Armkugel:** Bei 13/15/17/19 cm ab Auffasskante beids jede 2. R 1 x/1 x/1 x/2 x 2 M, 1 x 3 M und 1 x 4 M abk. Die restl M locker abk.

Ausarbeiten:

Nähte schließen. **Kragen:** Mit der Wollhäkel-N am Halsausschnitt im Muster I häk, dabei beids. die ersten 8/8/9/10 fM des Halsauschnittes weglassen = 39/45/51/57 fM.

Bei 6/7/8/9 R Kragenhöhe in der folg R beids. auf der Höhe der Schultern 1 fM aufn. 1 R fM häk, in der folg R die Aufn wdh. Für die Kragenrundung wie folgt weiterhäk: Bis zur vorletzten fM häk, wenden, 1 Lftm, 1 fM überspringen, bis zur vorletzten fM häk, wenden, 1 Lftm, 1 fM überspringen, bis zu den letzten 2 fM häk, wenden, 1 Lftm, 2 fM überspringen, bis zu den letzten 2 fM häk, wenden, 1 Lftm, 2 fM überspringen, bis zu den letzten 2 fM häk, wenden. Noch 2 R fM häk, die Arb beenden. Den Kragen mit 1 R fM umhäk.
Saumbordüre: Entlang der Abkettkante der Vorder- und Rückenteile über 134/144/159/174 2 R fM häk. Wie folgt weiterhäk: 1 KM, *in die folg fM 1 fM, 1 dopp Stb, 1 fM arb, 1 fM überspringen, 3 KM*, von * zu * stets wdh, enden mit 1 KM. Ärmel einsetzen. Knöpfe annähen.

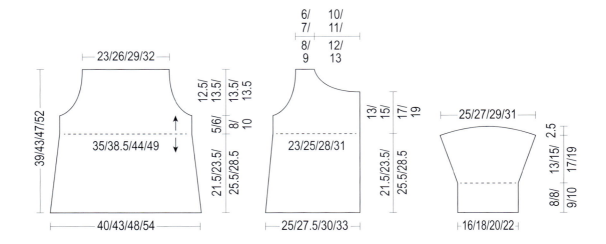

Babypullover

Größe:
3 (6) [9] Monate

Modellmaße:
Oberweite: 42 (44,5) [48] cm
Länge: 27 (30) [33] cm

Material:
- 75 (75) [100] g Garn (100% Merinowolle extrafein) in Weiß (z.B. Lang Yarns Merino 400 Lace weiß 796.0094)
- Rundstrick-N Nr. 2½ (z.B. von Addi)
- 6 kleine transparente Druckknöpfe

Muster I:
N Nr. 2½: Rippen = Vorder- und Rücks re.

Muster II:
N Nr. 2½: Ajourmuster: **1. + 9. R:** li. **2. + alle R der Rücks:** Die M str, wie sie erscheinen, die U re str. **3. R:** 1 M li, 1 U, 2 M li zus-str, 2 M li. **5. R:** 2 M li, 1 U, 2 M li zus-str, 1 M li. **7. R:** 3 M li, 1 U, 2 M li-zus-str. **11. R:** 2 M li, 2 M li zus-str, 1 U, 1 M li. **13. R:** 1 M li, 2 M li zus-str, 1 U, 2 M li. **15. R:** 2 M li zus-str, 1 U, 3 M li. Die 1.–16. R stets wdh.

Muster III:
N Nr. 2½: Zopfmuster: **1., 3., 5. + 9. R:** re. **2. + alle R der Rücks:** Die M str, wie sie erscheinen. **7. R:** 6 M nach li kreuzen (3 M auf 1 Hilfs-N vor die Arb legen, 3 M re, dann die M der Hilfs-N re str). Die 1.–10. R stets wdh.

Vorder- und Rückenteile werden in einem Stück gestr.

Maschenprobe:
Muster I, N Nr. 2½: 39 M = 10 cm breit, 66 R = 10 cm hoch.

Ausführung:
Anschl 263 (273) [283] M. 4 R im Muster I str. In folg **Mustereinteilung** weiterstr: 4 M Muster I, *5 M Muster II, 5 M Muster III, dabei stets nach der 2. M 1 M aufn*, von * zu * stets wdh, enden mit 5 M Muster II, 4 M Muster I = 288 (299) [310] M. Anschließend wie folgt weiterstr: 4 M Muster I, *5 M Muster II, 6 M Muster III*, von * zu * stets wdh, enden mit 5 M Muster II, 4 M Muster I. Bei 16 (18) [20] cm ab Anschl 1 R wie folgt str: 4 M Muster I, *5 M Muster II, 6 M Muster III, dabei stets die 3. + 4. M zus-str*, von * zu * stets wdh, enden mit 5 M Muster II, 4 M Muster I = 263 (273) [283] M. Im Muster I weiterstr, dabei während der 1. R vert 100 M abn = 163 (173) [183] M. **Armausschnitte:** Bei 18 (20) [22] cm ab Anschl 44 (47) [50] M str (= li Rückenteil, 6 M abk, 63 (67) [71] M str (= Vorderteil), 6 M abk, 44 (47) [50] M str (= re Rückenteil). Nun alle Teile separat beenden. **Re Rückenteil:** Im Muster I weiterstr, dabei an der re Kante jede 2. R noch 4 × 1 M abn. Bei 9 (10) [11] cm Armausschnitthöhe die restl 40 (43) [47] M locker abk. **Li Rückenteil:** Gegengleich zum re Rückenteil str.

Kinderbekleidung

Vorderteil:

Im Muster I weiterstr, dabei beids jede 2. R 4 x 1 M abn = 55 (59) [63] M. Bei 5 (6) [7] cm Armausschnitthöhe für den **Halsausschnitt** die mittleren 5 (5) [7] M abk und beids. davon jede 2. R noch 1 x 4 (5) [5] M, 1 x 3 M und 1 x 2 M abk. Bei 9 (10) [11] cm Armausschnitthöhe die restl je 16 (17) [18] M für die Schultern abk.

Ärmel:

Anschl 45 (48) [51] M. Im Muster I str. Anschließend beids. 6 x (7 x) [8 x] 1 M jede 12. R aufn = 57 (62) [67] M. **Armkugel:** Bei 13 (15) [17] cm ab Anschl beids. jede 2. R 1 x 3 M abk und 5 x (5 x) [6 x] 1 M abn. Die restl 41 (46) [49] M locker abk.

Ausarbeiten:

Nähte schließen. **Halsborte:** Mit der Rundstrick-N ca. 102 (106) [110] M auffassen (= Rückenteile je 26 (27) [28] M, Vorderteil 50 (52) [54] M). 4 R im Muster I str, locker abk. Ärmel einsetzen. Druckknöpfe annähen (s. Schnittskizze).

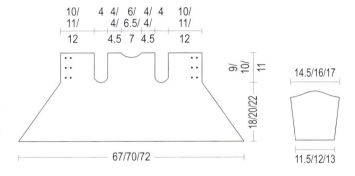

Strickjacke für Jungen

Größe:

2–3 Jahre (4–5 Jahre) [6 Jahre]

Modellmaße:

Oberweite: 68 (74) [82] cm
Länge: 39 (42) [45] cm

Material:

- 150 (200) [250] g Garn (50% Merinowolle extrafein, 50% Yak-Haar) in Braun (z.B. Lang Yarns Yak Merino extrafine braun 772.0068)
- 100 (100) [150] g Garn (50% Merinowolle extrafein, 50% Yak-Haar) in Beige (z.B. Lang Yarns Yak Merino extrafine beige 772.0026)
- 50 g Garn (50% Merino-Schurwolle extrafein, 50% Yak-Haar) in Naturweiß (z.B. Lang Yarns Yak Merino extrafine offwhite 772.0094)
- Rundstricknadeln Nr. 4½ und 5 (z.B. von Addi)
- Wollhäkelnadel Nr. 4
- 4 Knöpfe

Muster I:

N Nr 4½ + 5: Rippen = Vorder- und Rücks re.

Muster II:

N Nr. 5: Noppenmuster: **1. R beige:** re. **2. R beige:** li. **3. R beige + naturweiß:** *2 M re beige, 1 Noppe naturweiß (aus 1 M 1 M re, 1 M li, 1 M re herausstr, wenden, 3 M li, wenden, 1 dopp überz Abn = 1 M abh, 2 M re zus-str, dann die abgeh M über die gestr M ziehen)*, von * zu * stets wdh. **4. R beige:** li.

Muster III:

N Nr. 5: Jacquardmuster glatt re gemäß Strickschrift. Das Schema zeigt die R der Vorder- und Rücks. 1 × die 1.–20. R str.

Muster IV:

N Nr. 5: Glatt re = Vorders re, Rücks li.

Muster V:

N Nr. 5: Jacquardmuster glatt re gemäß Strickschrift A, B oder C. Das Schema zeigt die R der Vorder- und Rücks. Schema A + B: je 1 × die 1.–6. R str; Schema C: die 1.–6. R stets wdh.

Tipp:

Vorder- und Rückenteile werden bis zu den Armausschnitten in einem Stück gestr.

Maschenprobe:

Muster IV N Nr. 5: 19 M = 10 cm breit, 24 R = 10 cm hoch.

Ausführung:

Anschl 144 (152) [164] M mit N Nr 4½ und braun. 10 (10) [12] R im Muster I str. 0/2/2 R im Muster IV str. Anschließend 4 R im Muster II str. Im Muster III gemäß Strickschrift weiterstr, dabei das Muster bei Pfeil A (B) [A] beginnen, den Rapport 6 × (6 ×) [7 ×] wdh und enden bei Pfeil a (b) [a]. In der 20. R wie folgt 2 M abn: 38 (40) [43] M str, 2 M zus-str, 64 (68) [74] M str, 2 M zus-str, 38 (40)

[43] M str = 142 (150) [162] M. Weiter 6 R im Muster V gemäß Schema **A** str. Anschließend **18 (22) [26] R** im Muster IV **beige** str, dabei in der 3. R wie folgt 2 M abn: 37 (39) [42] M str, 2 M zus-str, 64 (68) [74] M str, 2 M zus-str, 37 (39) [42] M str. Diese Abn nach 11 R genau übereinander wdh = 138 (146) [158] M. Im Muster V gemäß Schema **B + C** weiterstr.

Armausschnitte: Bei 25 (28) [30] cm ab Anschl 34 (36) [39] M str (= re Vorderteil, 6 M abk, 58 (62) [68] M str (= Rückenteil), 6 M abk, 34 (36) [39] M str (= li Vorderteil). Nun alle Teile separat beenden. **Li Vorderteil:** Im Muster V gemäß Schema **B oder/und C** weiterstr. Bei 30 (34) [38] cm ab Anschl für den Halsausschnitt an der li Kante jede 2. R 1 × 3 (4) [5] M und 4 × 3 M abk = 19 (20) [22] M. Gerade weiterstr. Bei 14 (14) [15] cm Armausschnitthöhe für die Schulter an der re Kante jede 2. R 1 × 10 M + 1 × 9 M (2 × 10 M) [2 × 11 M] abk. **Re Vorderteil:** Gegengleich zum li Vorderteil str. **Rückenteil:** Im Muster V gemäß Schema **B oder/und C** weiterstr. Die Schultern in gleicher Höhe und wie am Vorderteil schrägen, die restl 20 (22) [24] M locker abk.

Ärmel:

Anschl 40 (42) [44] M mit N Nr. 4½ und braun. 10 (10) [12] R im Muster I str. 0 (2) [2] R im Muster IV str. Anschließend 4 R im Muster II str. Im Muster III gemäß Strickschrift weiterstr, dabei das Muster von der Mitte her einteilen. In der 10. R beids. 1 M aufn. Diese Aufn noch 5 × jede 6. R wdh = 52 (54) [56] M. Nach 20 R im Muster III, im Muster V 6 R gemäß Schema **A** str. Anschließend **18 (22) [26] R** im Muster IV **beige** und 6 R im Muster V gemäß Schema **B** str. Für die Größen 4–5/6 Jahre noch 6 R im Muster V gemäß Schema **C** str. Bei 26 (28) [30] cm ab Anschl die M locker abk.

Kragen:

Anschl locker 75 (77) [79] M mit N Nr. 5 und braun. Im Muster I str. Nach 10 (12) [12] R ab Anschl beids jede 2. R 2 × 1 M und 8 × 2 M abk. Die restl 39 (41) [43] M locker abk.

Ausarbeiten:

Nähte schließen. Den Kragen mit der Abkettkante in den Halsausschnitt heften und annähen. Den Kragen zur Hälfte nach außen legen und an den Schmalkanten fixieren. **Verschlussborten:** Mit N Nr. 4½ 52/61/69 M + 3 M aus der Schmalkante des Kragens auffassen = 55 (64) [72] M. 7 R im Muster IV str, locker abk. Die Borten nach innen legen und annähen. Mit der Wollhäkel-N 4 Knopfschlingen wie folgt häk: Mit 3 Fäden (je 1 × Braun, Beige und Naturweiß) 10 Lftm häk. 3 Knopfschlingen bei 10 cm, 20 (22) [24] cm und 30 (34) [38] cm ab Unterkante an die re Vorderteilkante nähen. 1 Knopfschlinge an der li Verschlusskante auf Höhe des Halsausschnittes annähen. Ärmel einsetzen. 3 Knöpfe ca. 6 cm ab Verschlusskante, 1 Knopf auf der Innenseite des re Vorderteils annähen.

Kinderbekleidung

MUSTER III

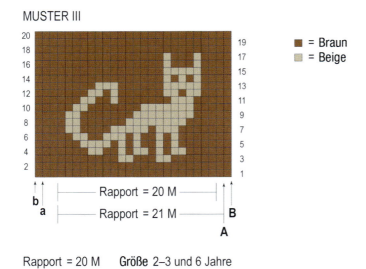

Rapport = 20 M Größe 2–3 und 6 Jahre
Rapport = 21 M Größe 4–5 Jahre

MUSTER V

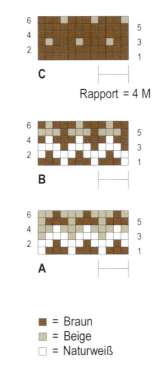

= Braun
= Beige
= Naturweiß

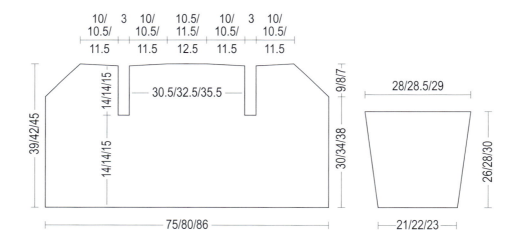

Kopftuch für Mädchen

Größe

2–6 Jahre: 80 cm x 32 cm

Material:

- 50 g Garn (100 % Merinowolle) in Rosa (z.B. Lang Yarns Donegal rosa 789.0019)
- Stricknadeln Nr 3½ (z.B. von Addi)

Muster 1:

N Nr 3½: Perlmuster: **Vorders:** 1 M re, 1 M li. **Rücks:** 1 M li, 1 M re, dh versetzt zur Vorders str.

Ausführung:

Anschl 1 M. Im Muster 1 str, dabei in jeder R am R-Anfang 1 M neu anschl bis 117 M erreicht sind (= ca. 80 cm). Die M locker im Muster abk.

Kinderkniestrümpfe

Größe

26–27

Material:

- 100 g Garn (75 % Schurwolle, 25 % Polyamid) in Rot (z.B. Lang Yarns Jawoll Magic rot 84.0063)
- Spiel Strick-N Nr. 2½ (z.B. von Addi)

Sonstiges Material:

- Gummiband

Muster 1:

Glatt re = Vorders re, Rücks li, in Runden = alle M re str.

Tipp:

Um die Socken zu vergrößern oder zu verkleinern, die Fußlänge entsprechend anpassen.

Anschl: 48 M. **Saum:** 3 Rd re, 1 Loch-Rd (fortl 2 M re zus-str, 1 U), 4 Rd re, dann jede M mit der entsprechenden Anschl-M re zus-str, für den Elasteinzug die letzten 3 M offen lassen. **Rohr:** Im Muster 1 weiterstr. Bei 20 cm ab Bruchkante für die **Ferse** und **Käppchen** wie folgt str: Mit den ersten und letzten je 12 M der Rd offen str, dabei die 1. M stets nur abh. Die restl M liegen lassen. Nach 14 R wie folgt weiterstr: 1 M abh, 14 M str, 2 M re zus-str, 1 M re, wenden, 1 M abh, 7 M str, 2 M li zus-str, 1 M li, wenden, 1 M abh, 8 M re, 2 M re zus-str, 1 M re, wenden, 1 M abh, 9 M li, 2 M li zus-str, 1 M li, wenden, 1 M abh, 10 M re, 2 M re zus-str, 1 M re, wenden, 1 M abh, 11 M li, 2 M li zus-str, 1 M li, wenden, 1 M abh, 12 M re, 2 M re zus-str, 1 M re wenden, 1 M abh, 13 M li, 2 M li zus-str, 1 M li wenden, 1 M abh, 15 M re. **Auffassen der Fersen-M:** Wieder mit allen Nadeln rundstricken: Mit der 1. Nadel die 2. Hälfte (= 8 M) der Käppchen-M abstr und aus der 1. Fersenkante 7 M auffassen. Mit der 2. und 3. Nadel je die Hälfte der liegengelassenen Ristmaschen abstr, mit der 4. N aus der 2. Fersenkante gleich viele M auffassen (= 7 M), die restl Käppchen-M dazustr = 54 M. **Ristabn:** In der folg 2. Rd die letzten 2 M der 1. N re zus-str, mit den ersten 2 M der 4. N 1 übz Abn arb. Diese Abn jede 2. Rd genau übereinander wdh, bis gleich viele M verbleiben wie vor Fersenbeginn. **Fußlänge:** Gerade weiterstr bis die ganze Fußlänge 13 cm misst. **Schlussabn:** mit dem **4-er-Abn** beginnen. In der folg Rd fortl 4 M re str, 2 M re zus-str.–5 Rd ohne Abn darüberstr. Nun das **3er-Abn** (3 M zwischen den Abn und 3 Rd darüberstr), das **2er-Abn** (2 M zwischen den Abn und 2 Rd darüberstr), das **1er-Abn** (1 M zwischen den Abn und 1 Rd darüberstr) und das **0er-Abn** (fortl 2 M re zus-str, keine Rd darüberstr) arb. Faden abbrechen, durch die restl M ziehen. Gummiband einziehen.

Kinderbekleidung

Wickelpullover und Schühchen für Babys

Größe:

3 (6) [9] Monate

Modellmaße:

Oberweite: 48 (50) [52] cm
Länge: 18 (19,5) [21] cm

Material:

- 50 (75) [75]g Garn (100% Kaschmir) in Rosa (z.B. Lang Yarns Cashmere Premium rose 78.0048)
- Stricknadeln Nr. 3 und 3½ (z.B. von Addi)
- Wollhäkelnadel Nr. 3
- 2 Satinbänder à 65 cm und 4 Satinbänder à 25 cm Länge

Muster I: N Nr. 3½: Perlmuster: **Vorders:** 1 M re, 1 M li. **Rücks:** 1 M li, 1 M re, dh versetzt zur Vorders str.

Der Wickelpullover wird in einem Stück gestrickt.

Maschenprobe:

Muster I N Nr. 3½: 21 M = 10 cm breit, 40 R = 10 cm hoch.

Wickelpullover

Rückenteil:

Anschl 49 (55) [61] M. Im Muster I str. Bei 10 (11) [12] cm ab Anschl für die Ärmel beids. jede 2. R 2 × 7 M + 1 × 6 M (3 × 7 M) [2 × 7 M] + 1 × 8 M neu dazu anschl = 89 (97) [105] M. Gerade weiterstr. Bei 18 (19,5) [21] cm ab Anschl für den Halsausschnitt die mittleren 19 (21) [23] M abk und beide Seiten separat beenden.

Rechtes Vorderteil:

Mit den verbliebenen 35 (38) [41] M 10 (12) [14] R gerade weiterstr. Anschließend an der li Kante für den Halsausschnitt jede 2. R 17 × (19 ×) [21 ×] 1 M aufn. Gleichzeitig bei 14 (15) [16] cm Ärmelhöhe an der re Kante jede 2. R 2 × 7 M + 1 × 6 M (3 × 7 M) [2 × 7 M] + 1 × 8 M abk. Im Muster weiterstr. Bei 10 (11) [12] cm ab Ärmelende die M locker abk.

Linkes Vorderteil:

Gegengleich zum rechten Vorderteil str.

Ausarbeiten:

Nähte schließen, dabei an der re Seitennaht auf der Höhe des Ausschnittes 1 cm offen lassen. Die Satinbänder am Ende der geraden Vorderteilkante annähen. Den Halsausschnitt mit 1 R fM umhäk.

Kinderbekleidung

Schühchen

Ausführung (2x str):

Anschl 29 (31) [33] M mit N Nr 3. **1. R:** Fortl im Muster 1 str. **2. R:** 2 M str, 1 M aufn, 12 (13) [14] M str, aus der folg M 3 M heraus str (1 M verschr, 1 M, 1 M verschr), 12 (13) [14] M str, 1 M aufn, 2 M str. Diese Aufn noch 4 x jede 2. R genau übereinander wdh = 49 (51) [53] M. 6 R gerade str. In der folg R 14 (15) [16] M str, 5 x 1 überz Abn arb, 1 M str, 5 x 2 M im Muster zus-str, 14 (15) [16] M str = 39 (41) [43] M. 3 R gerade str. In der folg R 10 (11) [12] M str, 19 M abk, 10 (11) [12] M str. Faden abbrechen. Nun die M zusammenfügen und über alle M noch 4 R re M str, dabei in der 1. R die mittleren 2 M zus-str. Die Satinbänder beids. an die Borte nähen. Naht schließen.

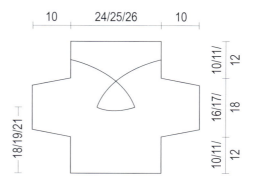

Babyjacke

Größe:

6 (9) [12] Monate

Modellmaße:

Oberweite: 50 (54) [58] cm
Länge: 26 (28) [30] cm

Material:

- 150 (200) [200] g Garn (70% Merinowolle extrafein, 30% Alpakawolle) in Naturweiß (z.B. Lang Yarns Carpe Diem offwhite 714.0094)
- Stricknadeln Nr. 5½ und 6 (z.B. von Addi)
- 6 Knöpfe

Muster I:

N Nr. 6: Rippen = Vorder- und Rücks re.

Muster II:

N Nr. 6: Glatt re = Vorders re, Rücks li.

Tipp:

Die Rdm ebenfalls im entsprechenden Muster str und bei der Montage die Nähte nur eine halbe Rdm tief nähen.

Maschenprobe:

Muster II N Nr. 6: 16 M = 10 cm breit, 22 R = 10 cm hoch.

Rückenteil:

Anschl 45 (48) [51] M. 2 R im Muster I str. Im Muster II weiterstr, dabei in der 9. + 21 (21) [23]. R beids. 1 M abn = 41 (44) [47] M. Bei 14 (15) [16] cm ab Anschl im Muster I weiterstr, dabei nach 8 (8) [10] R für die **Armausschnitte** beids. jede 2. R 1 x 2 M und 3 x 1 M abk = 31 (34) [37] M. Bei 26 (28) [30] cm ab Anschl alle M abk, dabei für die **Schultern** beids. 9 (10) [11] M bezeichnen.

Linkes Vorderteil:

Anschl 29 (31) [33] M. 2 R im Muster I str. Im Muster II weiterstr, dabei in der 9. + 21 (21) [23]. R an der re Kante 1 M abn = 27 (29) [31] M. Bei 14 (15) [16] cm ab Anschl im Muster I weiterstr, dabei nach 8 (8) [10] R für den **Armausschnitt** an der re Kante jede 2. R 1 x 2 M und 3 x 1 M abk = 22 (24) [26] M. **Halsausschnitt:** Bei 22 (23) [25] cm ab Anschl an der li Kante jede 2. R 1 x 9 (9) [10] M, 1 x 3 M und 1x (2 x) [2 x] 1 M abk. Bei 26 (28) [30] cm ab Anschl die restl 9 (10) [11] M abk.

Rechtes Vorderteil:

Gegengleich zum linken Vorderteil str, dabei wie folgt **3 x 2 Knoflöcher** einstr: In der 2., 12. (12.) [14.] + 22. (22.) [24.] R (Rücks) im Muster I bis zu den letzten 10 M str, 1 M ohne Arb-Faden abk und sofort 1 M neu anschl, 5 M str, das Knopfloch wdh und die R beenden.

Ärmel:

Anschl 25 (27) [29] M. 26 (28) [30] R im Muster I und anschließend im Muster II str, dabei beids.

Kinderbekleidung

5 x 1 M jede 8. R aufn = 35 (37) [39] M. **Armkugel**: Bei 16 (17) [18] cm ab Anschl beids. jede 2. R 1 x 2 M und 2 x 1 M abk. Die restl 27 (29) [31] M abk.

Ausarbeiten:

Nähte schließen. **Halsborte**: Mit N Nr. 5½ ca 49 (52) [57] M auffassen (= Vorderteile je 18/19/21 M, Rücken = 13 (14) [15] M). 2 R im Muster I str, locker im Muster abk. **Linke Verschlussborte**: Mit N Nr 5½ ca 36 (39) [42] M auffassen. 3 R im Muster II str, locker im Muster abk und die Borte nach innen nähen. **Rechte Verschlussborte**: Eine gleiche Borte str, dabei in der 2. R in gleicher Höhe wie am Vorderteil 3 Knopflöcher einstr. Ärmel einsetzen. Knöpfe annähen.

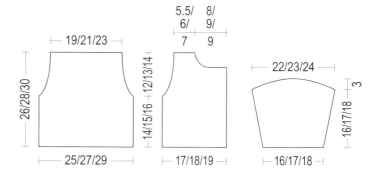

Baby-Kapuzenjacke

Größe:

6 (12) [24] Monate

Modellmaße:
Oberweite: 55 (59) [65] cm
Länge: 25 (27) [30] cm

Material:
- 200 (250) [250] g Garn (100% Merinowolle) in Grau (z.B. Lang Yarns Merino + grau 152.0124)
- Stricknadeln Nr. 5. (z.B. von Addi)
- 3 Knöpfe

Muster I:

N Nr. 5: Perlmuster: **Vorders:** 1 M re, 1 M li. **Rücks:** 1 M li, 1 M re, d.h. versetzt zur Vorders str.

Die Jacke wird in einem Stück gestrickt.

Maschenprobe:

Muster I N Nr 5: 16 M = 10 cm breit, 30 R = 10 cm hoch.

Ausführung:

Anschl 102 (110) [122] M. Im Muster I str, dabei die ersten und letzten 2 M immer re str (= Rippen). Bei 9 (10) [11] cm ab Anschl an der re Kante **1 Knopfloch** wie folgt arb: 3 M str, 1 M ohne Arb-Faden abk und sofort 1 M neu anschl, die R beenden. Das Knopfloch noch 2x nach 18 (20) [22] R wdh. Gleichzeitig bei 13 (14) [16] cm ab Anschl die Arb wie folgt teilen: 25 (27) [30] M str (= li Vorderteil), 4 M abk (= Armausschnitt), 44 (48) [54] M str (= Rückenteil), 4 M abk (= Armausschnitt), 25 (27) [30] M str (= re Vorderteil).

Re Vorderteil:

Im Muster I weiterstr. Bei 12 (13) [14] cm Armausschnitthöhe 1 x 12 (13) [15] M für die Schulter abk, die restl M für die Kapuze liegen lassen.

Rückenteil:

Über die mittleren 44 (48) [54] M im Muster I weiterstr, dabei beids. die Schulter-M in gleicher Höhe wie am Vorderteil abk. Die restl M für die Kapuze liegen lassen.

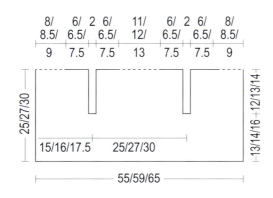

Li Vorderteil:

Gegengleich zum re Vorderteil arb.

Ärmel:

Anschl 30 (32) [34] M. Im Muster I str, dabei beids. 5 × 1 M jede 6. R aufn = 40 (42) [44] M. Bei 16 (18) [20] cm ab Anschl alle M abk.

Kapuze:

Die liegen gelassenen M 46 (50) [56] auf 1 N nehmen und im Muster I weiterstr, dabei das Rippenmuster an den Kanten weiterführen. Nach 2 R wie folgt aufn: 22 (24) [27] M str, 2 M aufn (= die 22. (24.) [27.] M nochmals str, dabei 1 R tiefer einstechen, die 23. (25.) [28.] M str, dabei 1 R tiefer einstechen, die M nicht von der N gleiten lassen, die M nochmals str), die R beenden = 48 (52) [58] M. Diese Aufn noch 5 × jede 2. R und 3 × jede 4. R immer mit den mittleren 2 M wdh = 64 (68) [74] M. Bei 17,5 (19) [20] cm Kapuzenhöhe die Arb in der Mitte teilen. Die beiden Teile aufeinanderlegen (Vorders auf Vorders) und die M locker im Muster zus abk.

Ausarbeiten:

Nähte schließen. Knöpfe annähen.

…

Kinderkleid mit Mütze und Beinstulpen (s. S. 182)

Größe:

92–104 (110–122)

Material:

- 200 (250) g Garn (100 % Schurwolle, z.B. Schurwollesuperwash von Junghans-Wolle) in Flieder
- Je 50 (50) g Garn (100 % Schurwolle) in Pink, Orange, Rot, Petrol und Hellgrün z.B. Schurwolle superwash von Junghans-Wolle
- Stricknadeln und 1 Nadelspiel Nr. 3,0–4,0
- Rundstricknadeln Nr. 3,0–4,0, Länge 40 und 60 cm.

Angezogen hat das Kleid eine Länge von 41 (46) cm.

Strickmuster:

Kleid:

Glatt re. Die Passe in Runden glatt re in Norwegertechnik nach Zählmuster, Rockteil und Ärmel in Hin- und Rück-R glatt re str.

Mütze und Beinstulpen:

Glatt re in Norwegertechnik s. Zählmuster. Ränder: 2 M re, 2 M li mit dünneren N str.

Maschenproben:

glatt re:
21 M / 28 R = 10 cm breit / 10 cm hoch
Norwegermuster:
21 M / 35 R = 10 cm breit / 10 cm hoch.

Das **Kleid** wird am Hals begonnen und die Passe in Runden gearbeitet. 72 M in Flieder anschlagen und 4 Rd = 1,5 cm glatt re str, dann für die Zackenkante 1 Loch-Rd wie folgt arb: fortl 2 M re zus str, 1 Umschlag. Nun 42 Rd = 12 cm (46 Rd = 13 cm) glatt re Norwegermuster str. In der 7. Rd mit den Zunahmen beginnen, dafür fortl aus dem Querfaden zwischen der 2. und 3. M 1 M re verschränkt herausstr = 36 M Zunahme = 108 M. In der 16. Rd fortl aus dem Querfaden zwischen der 3. und 4. M 1 M re verschränkt herausstr = 36 M Zunahme = 144 M. In der 28. Rd fortl aus dem Querfaden zwischen der 4. und 5. M 1 M re verschränkt herausstr = 36 M Zunahme = 180 M. In der 37. Rd fortl aus dem Querfaden zwischen der 5. und 6. M 1 M re verschränkt herausstr = 36 M Zunahme = 216 M = 104 cm. **Gr. 92–104** bis zur 42. Rd ohne Zunahmen arb. **Gr. 110–122** in der 43. Rd die letzte Zunahme arb, dafür fortl aus dem Querfaden zwischen der 6. und 7. M 1 M re verschränkt herausstr = 36 M Zunahme = 252 M = 120 cm, dann bis zur 46. Rd ohne Zunahmen arb. Nun die M einteilen: für das **1. Rockteil** 62 (74) M, den **1. Ärmel** 46 (52) M, das **2. Rockteil** 62 (74) M und den **2. Ärmel** 46 (52) M. Anschließend in Flieder nach Angaben im Schnitt weiterarb.

Kinderbekleidung

Tipp:

Das Rockteil kann in einem Teil, die Ärmel ebenfalls in einem Teil ohne Naht gearbeitet werden.

Fertigstellung:

Kleid:

Seiten- und Ärmelnähte schließen. An allen Ränder 1,5 cm glatt re nach innen gelegt festnähen.

Mütze:

Mit dem Nadelspiel 84 M in Flieder anschlagen und 8 Rd = 3 cm 2 M re, 2 M li str. 37 Rd = ca. 11 cm glatt re Norwegermuster arb. In der 29. Rd fortl die 3. und 4. M re zus-str = 21 M Abnahme = 63 M. In der 33. Rd fortl die 3. und 4. M re zus-str = 21 M Abnahme = 42 M. In der 36. und 37. Rd fortl die 2 M re zus-str. Restl M mit einem Faden zus-ziehen und vernähen.

Beinstulpen:

Mit dem Nadelspiel 36 M in Flieder anschlagen und 8 Rd = 3 cm 2 M re, 2 M li str. 42 Rd = 12 cm glatt re Norwegermuster und in Flieder noch 8 Rd = 3 cm 2 M re, 2 M li arb. Alle M locker abk. wie sie erscheinen.

Norwegermuster:

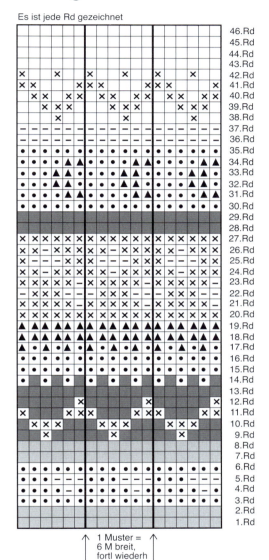

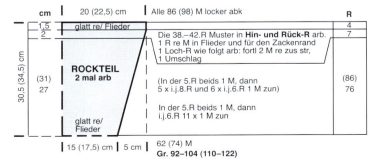

Kinderpullover (s. S. 184)

Größe:
2/3/4/6 Jahre

Modellmaße:
Oberweite: 60/64/68/72 cm
Länge: 35/39/43/46 cm

Material:
- 150/150/200/250 g Garn (50 % Merino-Schurwolle extrafein, 50 % Yak-Haar) in Magenta (z.B. Lang Yarns Yak Merino extrafine fuchsia 772.0065)
- Stricknadeln Nr. 4½ und 5 (z.B. von Addi)
- Nadelspiel Nr. 4½
- 2 Knöpfe

Muster I:
N Nr. 4½: Rippen = Vorder- und Rücks re.

Muster II:
N Nr. 5: Glatt re = Vorders re, Rücks li.

Muster III:
N Nr. 5: Zopfmuster über 32 M gemäß Strickschrift, Das Schema zeigt die R der Vorders. Die M der Rücks str, wie sie erscheinen. 1 × die 1.–24. R str, dann die 3.–24. R stets wdh.

Maschenprobe:
Muster II N Nr 5: 18 M = 10 cm breit, 25 R = 10 cm hoch.

Rückenteil:
Anschl 54/58/62/66 M. 2 R im Muster I str. Im Muster II weiterstr. Bei 7,5 cm ab Anschl beids. 1 M abn = 52/56/60/64 M. Gerade weiterstr. **Armausschnitte:** Bei 23/26/29/31 cm ab Anschl (hängend messen) beids. 1 × 3 M und 2 × 1 M abk = 42/46/50/54 M. **Gleichzeitig** in folg **Mustereinteilung** weiterstr: 1 Rdm, 9/11/13/15 M Muster II, (davon werden 3 M abgekettet), 32 M Muster III, 9/11/13/15 M Muster II, 1 Rdm. **Schultern:** Bei 12/13/14/15 cm Armausschnitthöhe alle M locker abk.

Vorderteil:
Wie am Rückenteil str. Die seitl Abn, die Armausschnitte und den Musterwechsel wie am Rücken arb. **Halsausschnitt:** Bei 30/34/38/41 cm ab Anschl die mittleren 10/12/14/16 M abk und beids. davon jede 2. R noch 1 × 2 M und 2 × 1 M abk. Gerade weiterstr. Bei 35/39/43/46 cm ab Anschl die beids. die restl M abk.

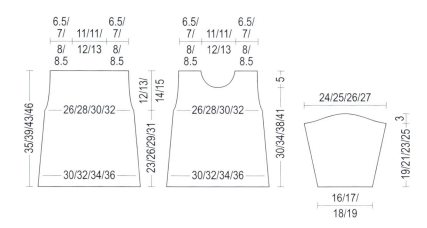

Kinderbekleidung

Ärmel:

Anschl 29/31/33/35 M. 2 R im Muster I str. Im Muster II weiterstr. Anschließend beids. jede 6. R 7 × 1 M aufn = 43/45/47/49 M. **Armkugel:** Bei 19/21/23/25 cm ab Anschl beids. jede 2. R 1 × 3 M und 3 × 1 M abk. Die restl 31/33/35/37 M locker abk.

Ausarbeiten:

Nähte schließen, die li Schulternaht offen lassen. **Halsborte:** Mit dem N-Spiel ca 46/52/58/64 M auffassen (Rücken = 18/20/22/24 M, Vorderteil = 27/32/36/40 M). 2 R im Muster I offen str, locker abk. **Hintere Verschlussborte:** Aus der Abkettkante der Schulter des Rückenteils inkl der Schmalseite der Halsborte 14/15/16/17 M auffassen. 2 R im Muster I str, locker abk. **Vordere Verschlussborte:** Aus der Abkettkante der Schulter des Vorderteils inkl der Schmalseite der Halsborte 14/15/16/17 M auffassen. 2 R im Muster I str, dabei in der 2. R 2 Knopflöcher arb; 4 M str, 1 M ohne Arb-Faden abk und sofort 1 M neu anschl, 5/6/7/8 M str, das Knopfloch wdh, die R beenden, locker abk. Die Schmalseite des Übertritts über den Untertritt nähen. Ärmel einsetzen. Knöpfe annähen.

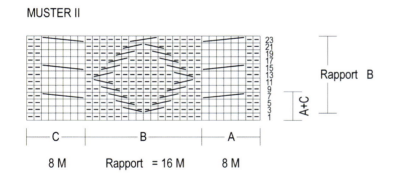

MÜTZEN, TASCHEN & CO.

Loopschal

Entwurf: Käte Stödter

Umfang:

ca. 90 cm

Höhe:

ca. 50 cm

Material:

- 300 g Garn (51 % Schurwolle, 49 % Polyacryl) in Regenbogenfarben (z.B. Murano von Austermann, Fb. 39), LL = 240 m/150 g
- Rundstricknadel 8 mm, 80 cm lang (z.B. von Schoeller + Stahl)

Grundmuster:

(Maschenprobe: 13 M u. 18 R = 10 cm × 10 cm), M-Zahl teilbar durch 6; NS 8
1. Rd.: * 2 M re, 1 U, 2 M re, 2 M re zus-str. *, von * bis * fortl. wdh.
Die 1. Rd. fortl. wdh.

Arbeitsanleitung:

120 M anschl. u. im Grundm. str. Nach 50 cm ab Anschlag die M locker abk.

Mützen, Taschen & Co.

Mütze mit Bommel

Für Kopfumfang 50–52 cm

Material:

- 50 g Garn (98% Merinowolle, 2% Polyamid) in Grau (z. B. Softy von Austermann, Fb. 06), LL = ca. 53 m
- 50 g Garn (98% Merinowolle, 2% Polyamid) in Hellgrau (z.B. Softy von Austermann, Fb. 07), LL = ca. 53 m
- 50 g Garn (98% Merinowolle, 2% Polyamid) in Beige (z.B. Softy von Austermann, Fb. 04), LL = ca. 53 m
- 50 g Garn (98% Merinowolle, 2% Polyamid) in Naturweiß (z.B. Softy von Austermann, Fb. 01), LL = ca. 53 m
- Nadelspiel 8 mm (z.B. von Schoeller + Stahl)

Maschenprobe genau einhalten! (Falls notwendig, Nd. wechseln)

Grundmuster 1:

(Maschenprobe: 12,5 M u. 14 R = 10 cm x 10 cm), gl. re lt. Jacquardmuster 1 u. 2, mit NS 8

Grundmuster 2:

(Maschenprobe: 10,5 M u. 23 R = 10 cm x 10 cm), Kraus re (in Rd.: abwechselnd 1 Rd. re M, 1 Rd. li M) mit NS 8

Anleitung:

Die Mütze wird in Runden gestrickt.
48 M mit Hellgrau anschl., zur Rd. schließen u. im Grundm. 2 je 2 Rd. Hellgrau u. dunkelgrau sowie 4 Rd. hellgrau str. Danach 12 Rd. im Grundm. 1 lt. Strickschrift 1 arb. Anschließend im Grundm. 2 je 2 Rd. dunkelgrau, hellgrau u. dunkelgrau arb. Nun 8 Rd. im Grundm. 1 nach Strickschrift 2 arb. dabei in der 6. u. 8. Rd. jeweils 1 M pro Rapport in der dunkelgrauen Fläche abn. = 36 M.
Weiter gl. re mit Dunkelgrau, dabei in der 2. Rd. jeweils 2 M zus-str. = 18 m, die 3. Rd. ohne Abnahmen arb. In der 4. Rd. nochmals je 2 M zus-str. = 9 M. Die restl. M mit einem Faden zus-ziehen.

Fertigstellung:

Einen Pompon in Dunkelgrau mit Ø ca. 10–11 cm wickeln u. an der Mütze befestigen.

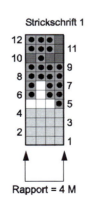

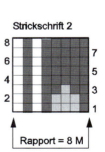

Mützen, Taschen & Co.

Mütze, Schal und Stulpen

Entwurf: Johanna Schwarz

Mütze

für Kopfumfang 56–58 cm

Material:

- 100 g Garn (53 % Schurwolle, 47 % Polyacryl) in Lila (z.B. Murano Lace von Austermann, Fb. 03), LL = ca. 400 m/100 g
- Nadelspiel 4 mm (z. B. von Schoeller + Stahl)

Maschenprobe genau einhalten! (Falls notwendig, Nd. wechseln)

Grundmuster:

(Maschenprobe: 18 M u. 25 R = 10 cm × 10 cm), kraus re u. gl. re mit NS 4

Randmuster:

1 M re verschränkt, 1 M li im Wechsel mit NS 4

Arbeitsanleitung:

Die Mütze wird in Runden gestrickt:
90 M anschlagen.
1.–4. R.: Randmuster, 1 M rechts verschränkt, 1 M links.
5. R.: rechts und dabei gleichmäßig verteilt 10 M zunehmen = 100 M.
Weiter mit **doppeltem** Faden:
6. R.: links
7. R.: rechts
8. R.: links
9. R.: rechts
10. R.: links
* Weiter mit **einfachem** Faden:
11.–13. R.: rechts (den zweiten Faden nicht abschneiden, auf der Rückseite mit nach oben führen).
Weiter mit **doppeltem** Faden:
14. R.: links
15. R.: rechts
16. R.: links
17. R.: rechts
18. R.: links*
Von * bis * (Reihen 11 bis 18) 3 × wiederholen.
Weiter mit **einfachem** Faden und Beginn der Abnahme:
1. R.: rechts, dabei Arbeit in 5 Teile à 20 M (evtl. zweites Nadelspiel) aufteilen.
2. R.: 5 × (1 M rechts verschränkt, 2 M rechts zus-str, 17 M rechts).
3. R.: 5 × (1 M rechts verschränkt, 18 M rechts).
Runde 2 und 3 ständig wiederholen, bis sich auf jeder Nadel 10 M = 50 M insgesamt befinden.
Ab jetzt in **jeder** Runde 5 × 1 M abnehmen, bis sich auf jeder Nadel 2 M befinden. Durch die letzten 10 M Faden ziehen und vernähen.

Fertigstellung:
2 × 3 Fäden (1,5 m lang) zuschneiden und je 2 Kordeln drehen (fertig 6-fädig ca. 60 cm). Die beiden Kordeln verkreuzt durch die Mitte der Mütze ziehen und einmal verknoten. Die nunmehr 4 Kordeln auf einer Seite getrennt und versetzt durch die seitlichen Rippen ziehen. Der letzte Durchzug erfolgt durch die Aufnahmereihe. Einen Knoten dagegensetzen. Nach ca. 2 cm ein 2. Mal verknoten. Den Rest der Kordeln nach Wunsch beschneiden und als Franse hängen lassen

Mützen, Taschen & Co.

Mützen, Taschen & Co.

Schal

Breite: 33 cm, Länge: ca. 2 m

Material:

- 100 g Garn (53 % Schurwolle, 47 % Polyacryl) in Lila (z.B. Murano Lace von Austermann, Fb. 03), LL = ca. 400 m/100 g
- Garnreste in der gleichen Stärke in einer Kontrastfarbe
- Stricknadeln 4 mm (z. B. von Schoeller + Stahl)

Maschenprobe genau einhalten! (Falls notwendig, Nd. wechseln)

Grundmuster:

(Maschenprobe: 18 M u. 25 R = 10 cm × 10 cm), gl. re u. gl. li mit NS 4

Arbeitsanleitung:

Der Schal wird als Dreieck gestrickt, d. h. es wird immer nur an einer Seite zu- bzw. abgenommen. 6 M anschlagen u. 6 R. glatt rechts stricken.
Beginn der Zunahmen: *6 R glatt links, dabei am Anfang der ersten R 1 × aus der RM 1 M zusätzlich rechts verschränkt herausstricken = 7 M.
6 R. glatt rechts, dabei am Anfang der ersten R. 1 × aus der RM 1 M zusätzlich rechts verschränkt herausstricken = 8 M.
Von * bis * ständig wiederholen, bis sich 60 M auf der Nadel befinden.
Beginn der Abnahmen: Den Musterwechsel zwischen 6 R. glatt rechts und 6 R. glatt links beibehalten, jedoch am Anfang des Musterwechsels in der ersten R 1× die 1. und 2. M rechts zus-str = eine Abnahme. Von * bis * ständig wiederholen, bis sich noch 6 M auf der Nadel befinden. Noch 6 R glatt rechts str. Dann die M locker abketten.

Stulpen

Länge: 38 cm

Material:

- 100 g Garn (53 % Schurwolle, 47 % Polyacryl) in Lila (z.B. Murano Lace von Austermann, Fb. 03), LL = ca. 400 m/100 g
- Stricknadeln u. Häkelnadel 4 mm (z. B. von Schoeller + Stahl)

Maschenprobe genau einhalten! (Falls notwendig, Nd. wechseln)

Grundmuster 1 (Tiefreihen):

(Maschenprobe: 18 M u. 25 R = 10 cm × 10 cm), gl. re (Hinr. re M, Rückr. li M) mit NS 4

Grundmuster 2 (verkürzte Reihen):

kraus re (Hinr. re M, Rückr. re M) mit NS 4

Arbeitsanleitung:

Die Stulpen werden seitlich begonnen.
70 M mit einem glatten Kontrastgarn der gleichen Stärke anschlagen und 4 Reihen glatt rechts stricken. Das Kontrastgarn ist notwendig, damit nachher die Seitennähte im Maschenstich geschlossen werden können.
Dann weiterarbeiten mit lila Garn:
Gestrickt wird glatt rechts (Tiefreihen, in der Strickschrift grau unterlegt) im Wechsel mit verkürzten Reihen in kraus rechts (s. Strickschrift).
Zum Stricken der verkürzten Reihen ist die Bildung der doppelten Masche notwendig.
Beispiel 3er Rhythmus ab Reihe 3 der Strickschrift:
3. Reihe: 30 M rechts stricken. Wenden.

Mützen, Taschen & Co.

4. Reihe: Doppelte M wie folgt arbeiten:
Die zuletzt gestr. M wie zum Linksstricken abheben (Faden liegt dabei vor der Nadel). Faden straff nach hinten ziehen. Die M der unteren Reihe wird mit auf die Nadel gezogen und es befinden sich 2 M auf der rechten Nadel = doppelte Masche. Reihe mit 28 M rechts und 1 RM beenden.
5. Reihe: RM, 28 M rechts, doppelte M zusammen rechts zus-str, 3 M rechts. Wenden.
6. Reihe: Doppelte Masche bilden, 31 M rechts, RM.
Arbeitsweise beibehalten und nach Anleitung und Strickschrift weiterarbeiten.

1.–2. R.: glatt rechts = Tiefreihe
3.–12. R: kraus rechts in verkürzten Reihen (Beginn 30 M) Armseite: 5 × 3er Rhythmus
13.–16. R.: glatt rechts = Tiefreihe
17.–26. R: kraus rechts in verkürzten Reihen (Beginn 20 M) Handseite: 5 × 3er Rhythmus
13.–16. R.: glatt rechts = Tiefreihe

2. Block verkürzte Reihen (20 M) Handseite:
5 × 3er Rhythmus = 38 M = 10 Reihen.
Ab 11. R weiter über alle 70 Maschen 3 R rechts, 1 R links (RR), 1 R rechts
3. Block verkürzte Reihen (20 M) Armseite:
5 × 3er Rhythmus = 38 M = 10 Reihen.
Ab 11. R weiter über alle 70 Maschen 3 R rechts, 1 R links (RR), 1 R rechts
4. Block verkürzte Reihen (10 M) Handseite:
5 × 3er Rhythmus = 38 M = 10 Reihen.
Ab 11. R weiter über alle 70 Maschen 3 R rechts, 1 R links (RR), 1 R rechts
5. Block verkürzte Reihen (40 M) Armseite:
5 × 3er Rhythmus = 38 M = 10 Reihen.
Ab 11. R weiter über alle 70 Maschen 3 R rechts, 1 R links (RR), 1 R rechts
6. Block verkürzte Reihen (10 M) Handseite:
5× 3er Rhythmus = 38 M = 10 Reihen.
Ab 11. R weiter über alle 70 Maschen 3 R rechts, 1 R links (RR), 1 R rechts
7. Block verkürzte Reihen (40 M) Armseite:
5× 3er Rhythmus = 38 M = 10 Reihen.
Ab 11. R weiter über alle 70 Maschen 3 R rechts, 1 R links (RR), 1 R rechts
8. Daumen verkürzte Reihen Handseite: 15 M rechts (bleiben liegen und werden erst gestrickt, wenn Daumen beendet), weitere 4 M rechts, wenden.
RR: Doppelte M bilden, 1 M links, 1 M rechts, RM = 4 M, wenden.
*HR: RM, 2 M rechts, doppelte M zus-str, 2 M rechts, wenden.
RR: Doppelte M bilden, 3 M links, 1 M rechts, RM, wenden.*
Die Arbeitsweise von *bis* 4 × wiederholen = 14 M. Dann wird zurückgestrickt.
HR: RM, 11 M rechts, wenden.
RR: Doppelte M bilden, 9 M links, 1 M rechts, RM.
HR: RM, 9 M rechts, wenden.
RR: Doppelte M bilden, 7 M links, 1 M rechts, RM.
HR: RM, 7 M rechts, wenden.
RR: Doppelte M bilden, 5 M links, 1 M rechts, RM.
HR: RM, 5 M rechts, wenden.
RR: Doppelte M bilden, 3 M links, 1 M rechts, RM.
HR: RM, 3 M rechts, wenden.
RR: Doppelte M bilden, 1 M links, 1 M rechts, 1 M links und weiter über die 15 stillgelegten M bis zum Rand stricken.
HR: Weiter über alle 70 Maschen 1 R rechts, dabei alle doppelten Maschen zus-str.
9. Block verkürzte Reihen (55 M) Armseite:
5 × 3er Rhythmus = 10 Reihen.
Zurückstricken.
RR: RM, 54 M rechts, wenden.
HR: Doppelte M bilden, 53 M rechts, RM.
RR: RM, 51 M rechts, wenden.
HR: Doppelte M bilden, 50 M rechts, RM.
Ab 11. R weiter über alle 70 Maschen 3 R rechts, 1 R links (RR), 1 R rechts

Mützen, Taschen & Co.

10. Block verkürzte Reihen (25 M) Handseite:
5 x 3er Rhythmus = 10 Reihen.
Zurückstricken.
RR: RM, 54 M rechts, wenden.
HR: Doppelte M bilden, 53 M rechts, RM.
RR: RM, 51 M rechts, wenden.
HR: Doppelte M bilden, 50 M rechts, RM.
Ab 11. R weiter über alle 70 Maschen 3 R rechts, 1 R links (RR), 1 R rechts

11. Block verkürzte Reihen (55 M) Armseite:
5 x 3er Rhythmus = 10 Reihen.
Zurückstricken.
RR: RM, 54 M rechts, wenden.
HR: Doppelte M bilden, 53 M rechts, RM.
RR: RM, 51 M rechts, wenden.
HR: Doppelte M bilden, 50 M rechts, RM.
Ab 11. R weiter über alle 70 Maschen 3 R rechts, 1 R links (RR), 1 R rechts

12. Block verkürzte Reihen (35 M) Handseite:
5 x 3er Rhythmus = 10 Reihen.
Zurückstricken.
RR: RM, 54 M rechts, wenden.
HR: Doppelte M bilden, 53 M rechts, RM.
RR: RM, 51 M rechts, wenden.
HR: Doppelte M bilden, 50 M rechts, RM.
Ab 11. R weiter über alle 70 Maschen 3 R rechts, 1 R links (RR), 1 R rechts

13. Block verkürzte Reihen (45 M) Armseite:
5 x 3er Rhythmus = 10 Reihen.
Zurückstricken.
RR: RM, 54 M rechts, wenden.
HR: Doppelte M bilden, 53 M rechts, RM.
RR: RM, 51 M rechts, wenden.
HR: Doppelte M bilden, 50 M rechts, RM.
Ab 11. R weiter über alle 70 Maschen 3 R rechts, 1 R links (RR), 1 R rechts

Im Maschenstich zusammennähen.
Handseite in der Mitte (zwischen Mittel- und Ringfinger) ca. 1 cm zusammennähen.

Zeichenerklärung

| = rechte Masche im Mustersatz kraus rechts

| = rechte Masche im Mustersatz glatt rechts

L = linke Masche

R = Randmasche

W = Wende mit doppelter Masche

/ = 2 M re. zusammenstricken

z = aus dem Querfaden 1 Masche herausstricken

Mützen, Taschen & Co.

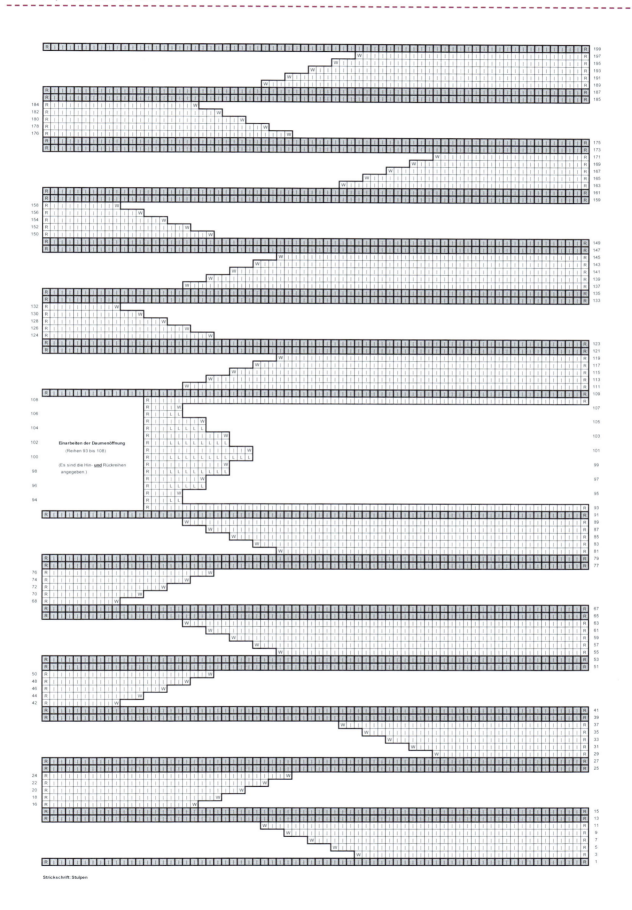

Strickschrift: Stulpen

Tasche mit Rosetten

Größe:

ca. 23 cm x 23 cm

Material:

- 300 g Garn (100 % Baumwolle, merceriesert und gasiert) in Weiß, Schwarz, Orange, Hellblau, Dunkelblau, Magenta und Gelb (z.B. von Austermann, Fb. 02 schwarz, 06 orange, 23 capri, 35 royal, 41 fuchsie u. 49 vitamin)
- Häkelnadel Nr. 3 u. 4–4,5

Maschenprobe genau einhalten! (Falls notwendig, Nd. wechseln)
Grundmuster: (Maschenprobe: 13 M u. 16 R = 10 cm x 10 cm)
fM mit **3-fachem Faden** u. NS 4–4,5

Kleine Rosette:

Mit **1-fachem** Faden u. NS 3
5 LM anschl. u. mit einer Kettm. zum Ring schließen.
1. Rd.: 3 LM (als Ersatz für das 1. Stb.) u. 13 Stb. in den LM-Ring häkeln, Rd. mit 1 Kettm. schließen.
2. Rd.: 5 LM, * 1 fM (in das 2. Stb.), 4 LM *, fortl. wdh., Rd. mit 1 Kettm. in die 1. LM der Rd. schließen
3. Rd.: 1 LM, * 5 Stb. in den LM-Bogen der Vor-Rd., 1 fM in die fM der Vor-Rd. *, von * bis * fortl. wdh.

Große Rosette:

1.–3. Rd. wie bei der kleinen Rosette arb.
4. Rd.: (Es wird von hinten in die 2. Rd. eingestochen, damit die Blütenblätter der inneren Lage obenauf liegen.) * 1 fM in die fM, 9 LM *, von * bis * fortl. wdh., Rd. mit 1 Kettm. in die 1. fM schließen
5. Rd.: In die LM-Bögen der Vor-Rd. jeweils 1 fM, 1 halbes Stb., 2 Stb., 3 Doppel-Stb., 2 Stb., 1 halbes Stb., 1 fM arb.

Spirale:

Mit **2-fachem Faden** u. NS 4 ca. 12–15 cm LM anschl. u. 1 R Stb. (in jede LM 2 Stb.) häkeln. Die Spirale dreht sich nach ein paar Maschen von selbst.

Arbeitsanleitung:

Für die beiden Seitenteile je 7 LM mit 3-fachem Faden anschl. u. im Grundm. arb. Nach 17 cm die Arbeit beenden.
Für Vorderseite, Boden u. Rückseite 24 LM mit 3-fachem Faden anschl. u. im Grundm. häkeln. Nach ca. 39 cm die Arbeit beenden. Die Seitenteile einsetzen u. mit 1-fachem Faden annähen. Die obere Kante mit 2-fachem Faden u fM über 4 Rd. umhäkeln. In der 5. Rd. wie folgt arb.: * 1 fM, 7 Stb. in die 2. fM *, von * bis * fortl. wdh. Rd. mit 1 Kettm. schließen.
Für den Griff 5 LM mit 3-fachem Faden anschl. u. im Grundm. häkeln. Nach 52 cm die Arbeit beenden. Griff innen an den Seitenteilen annähen. 14 kleine Rosetten, 2 große Rosetten u. 6 Spiralen häkeln u. lt. Abbildung aufnähen. Aus den bunten Resten 2 Pompons mit ca. 6 bis 7 cm Durchmesser wickeln. Aus allen Farben je 1 Faden zuschneiden u. an die obere Kante ein ca. 14 cm langes Bändel flechten. Die beiden Pompons in unterschiedlicher Höhe daran befestigen.

Mützen, Taschen & Co.

Schal

Entwurf: Babette Ulmer

Breite: ca. 15 cm
Länge (ohne Fransen): ca. 220 cm

Material:

- je 50 g Garn (100 % Baumwolle, merceriert und gasiert) in Schwarz, Naturweiß und Hellgrau (z. B. Algarve von Austermann, Fb. 02 schwarz, 10 natur, 39 hellgrau)
- 25 g Glitzereffektgarn (88 % Polyamid, 12 % Polyester) in Grau (z. B. Delight von Austermann, Fb. 10 grau)
- Stricknadeln 10 mm (z. B. von Schoeller + Stahl)

Maschenprobe genau einhalten! (Falls notwendig, Nd. wechseln)

Ajourmuster (M-Zahl teilbar durch 2 + 2 RM):

(Maschenprobe: 9 M u. 11 R = 10 cm × 10 cm), mit NS 10
1. R (= Hinr.): RM, * 1 U, 2 M re überzogen zus-str., ab * fortl. wdh., RM.
2. R (= Rückr.): RM, * 1 U, 2 M re überzogen zus-str., ab * fortl. wdh., RM.
Die 1. u. 2. R fortl. wdh.

Streifenfolge:

2 R Baumwollgarn schwarz 2-fädig, * 2 R Baumwollgarn hellgrau 2-fädig, 2 R Baumwollgarn natur 2-fädig, 2 R Glitzereffektgarn grau 2-fädig, 2 R Baumwollgarn naturweiß zweifädig, 2 R Baumwollgarn hellgrau 2-fädig, 2 R Baumwollgarn schwarz 2-fädig, ab * 2 × arb.

Anleitung:

Der Schal wird quer gestrickt:

164 M in Baumwollgarn schwarz 2-fädig anschl. u. im Ajourmuster in der Streifenfolge str. Dann die M abk., dabei die U jeweils 2 × abstricken = 1 × normal u. 1 × verschränkt.

Fertigstellung:

Teil spannen, anfeuchten und trocknen lassen. In die Schalschmalseite in der jeweilig passenden Farbe ca. 40 cm lange Fransen einknüpfen (je 4 Fäden) = ca. 20 cm fertige Länge.

Mützen, Taschen & Co.

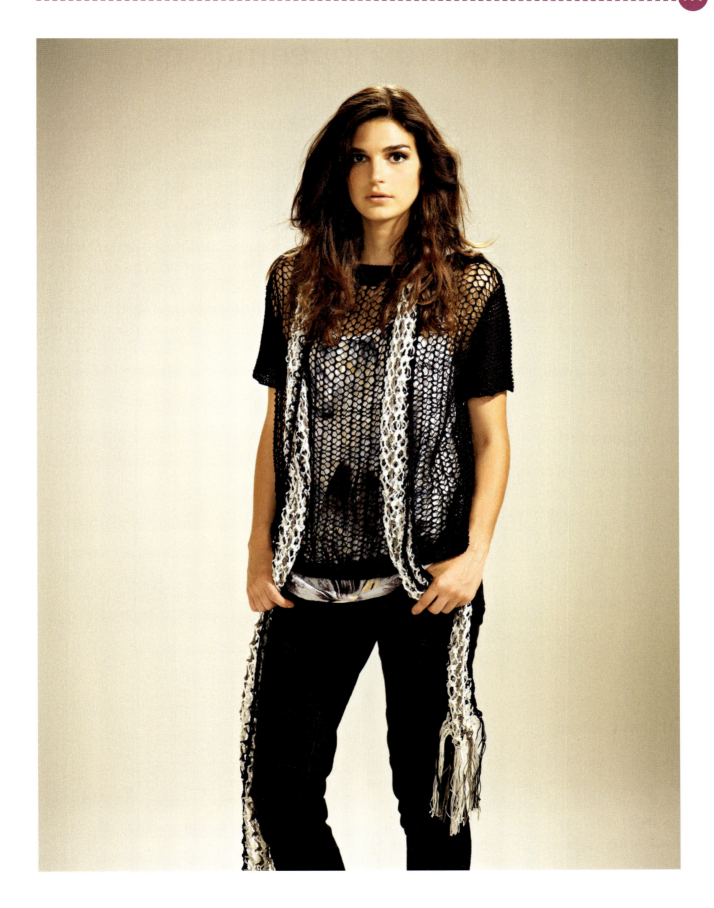

Tasche mit Krausrippenmuster

Größe:

ca. 26 cm x 26 cm

Material:

- 250 g Garn (46 % Polyamid, 27 % Baumwolle, 27 % Polyacryl) in Aubergine (z.B. Kara von Austermann, Fb. 21 aubergine)
- Stricknadeln u. Rundstricknadel 5 mm, Häkelnadel Nr. 4,5 (z.B. von Schoeller + Stahl)

Maschenprobe genau einhalten! (Falls notwendig, Nd. wechseln)

Grundmuster 1:

(Maschenprobe: 16 M u. 20 R = 10 cm x 10 cm)
Nach Strickschrift arb. mit **2-fachem Faden** u. NS 5
Es sind die Hinr. gezeichnet in den Rückr. die M u. U li str.
Die 1.–20. R fortl. wdh.

Grundmuster 2:

Kraus re str. (in R: Hin- u. Rückr. re M str.; in Rd.: abw. 1 Rd. re M, 1 Rd. li M str.) mit **2-fachem Faden** u. NS 5

Arbeitsanleitung:

Für den **Boden** 35 M anschl. u. 15 R im Grundm. 2 str. (= 8 Krausrippen). Weiter für die **Vorderseite** im Grundm. 1 in folg. Einteilung arb.: RM, 3 x MS, RM. Nach 20 cm im Grundm. 1 die M stilllegen.
Für die **Rückseite** aus der Anschlagkante 35 M aufn. u. 20 cm im Grundm. 1 str., Einteilung wie bei der Vorderseite. Dann die M stilllegen.
Für die beiden **Seitenteile** aus den schmalen Kanten des Bodens je 10 M aufn. u. im Grundm. 2 str., nach 20 cm die M stilllegen. Nun alle stillgelegten M auf eine Rundnadel nehmen u. im Grundm. 2 in Rd. str. Nach 5 Krausrippen die M abk. = obere Kante.
Für den **Griff** 9 M anschl. u. im Grundm. 2 str. Nach ca. 50 cm ab Anschlag die M abk. Den Griff beids. innen an den Seitenteilen annähen, ca. 3 bis 4 cm unterhalb der oberen Kante. Für die Bommel 10 LM anschl. in die LM 3 Büschelmaschen (= 4 zusammen abgemaschte Stb.) u. fM häkeln. Auf diese Weise 8 Bommel häkeln u. verteilt unterhalb der oberen Kante annähen.

I	= 1 M re
O	= 1 Umschlag
⟋	= 2 M re zus-str.
⋀	= 2 M überzogen zus-str.: 1 M wie zum Rechtsstr. abh., die folg. M re str. u. die abgehob. M darüberziehen

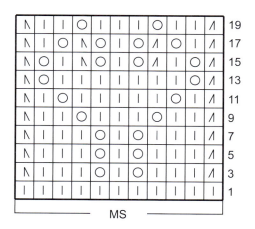

MS

Kniestrümpfe mit aufgesetztem Zopf

Schuhgröße:

37–42

Der Kniestrumpf hat eine Beinlänge bis zur Ferse von ca. 36 cm.

Material:

- 200 g Sockengarn (z.B. Freizeit Mouline von Junghans-Wolle) in Anthrazit-Schwarzmeliert
- 100 g Sockengarn (z.B. Freizeit Uni 4-fädig von Junghans-Wolle) in Anthrazit (für den Zopf)
- Nadelspiel 2,5–3,0

Strickmuster:

Rippen, dafür fortl 2 M re, 2 M li und glatt re str. Zopf nach Strickschrift arb, der zum Schluss aufgenäht wird.

Maschenproben:

Rippen (leicht gedehnt gemessen):
34 M/42 R = 10 cm breit/10 cm hoch;
1 Zopf = 15 M = 4 cm breit/38 R = 10 cm hoch.
Mit Nadelspiel 2,5 92 M in Anthrazit-Schwarzmeliert anschlagen, auf 4 Nadeln gleichm verteilen und 13 Rd 2 M re, 2 M li str. Mit Nadelspiel 3,0 22 Rd im Rippenverlauf weiterarbeiten. Gleichzeitig ab 1. Rd für die hintere Mitte 2 M rechts markieren und 4 x i. j. 2. Rd beids. der Mittel-M je 1 M re bzw. li verschränkt herausstr = 100 M, restl Rd gerade hoch arb. Dann mit den **Wadenabnahmen** beginnen: In der 1. Rd rechts und links von den 2 rechten Mittel-M 1 M abnehmen, diese Abnahmen i. j. 3. Rd 15x wiederh, bis 68 M übrig bleiben. Nach insgesamt 151 Rd = ca. 36 cm mit der Ferse beginnen, dabei gleichm links und rechts von den Mittel-M jeweils 3 M abn. Es bleiben 32 Fersenmaschen (werden glatt re gestrickt) und 30 M für den Oberfuß (werden in Rippen gestrickt) = 62 M.

Für den **Zopf** in Anthrazit 17 M anschlagen und 1 Rück-R linke M str. Nach Strickschrift gerade hoch arb. Den Zopf im Matratzenstich auf den vorderen Kniestrumpf bis zur Fußspitze über 10 Rippen-M nähen.

Tipp: Nach ca. 40 cm den Zopf leicht festheften, so kann die Länge variiert werden. Der Zopf darf nicht einhalten.

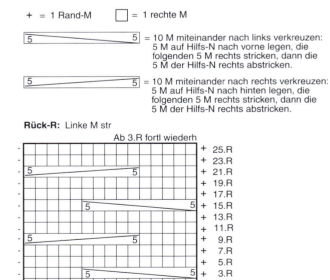

Mützen, Taschen & Co.

Kapuzenschal

Größe:

ca. 38 cm × 200 cm

Material:

- 450 g Garn (75 % Schurwolle, 25 % Polyamid) in Anthrazit (z.B. Freizeit 6-fädig von Junghans-Wolle)
- Strick-N 3,0–4,0

Strickmuster:

2 M re, 2 M li.

Maschenprobe:

2 M re, 2 M li:
24 M = 11 cm breit/26 R = 10 cm hoch.

Anleitung:

82 M anschlagen und 200 cm 2 M re, 2 M li gerade hoch str. M locker abk, wie sie erscheinen. Nun den Schal der Länge nach über 75 cm doppelt legen, sodass ein Schalende ca. 50 cm länger ist. Für das Kapuzenteil die Naht ab Bruchkante über ca. 35 cm schließen, dabei die oberen 18 cm abschrägen.

Mützen, Taschen & Co.

Socken mit Norwegermuster

Schuhgröße:

36–43

Material:

- 100 Garn (100% Schurwolle) in Wollweiß (z.B. von Schurwolle superwash von Junghans-Wolle)
- je 50g Garn (100% Schurwolle) in Anthrazit, Grau und Orange (z.B. von Schurwolle superwash von Junghans-Wolle)
- Nadelspiel 3,0–4,0

Strickmuster:

Glatt re in Norwegertechnik (s. Zählmuster) und glatt re.

Maschenproben:

Norwegermuster:
23 M/27 R = 10 cm breit/10 cm hoch; glatt re: 24 M/32 R = 10 cm breit/10 cm hoch.
Gr. 36–39 = 48 M mit dem Nadelspiel in Anthrazit anschlagen = je Nadel 12 M und 4 Rd Randmuster, dann 40 Rd = 15 cm nach Zählmuster und noch 10 Rd in Wollweiß str. Die Ferse in Anthrazit, den Fußteil in Wollweiß und die Fußspitze in Grau str. Nach Angaben s. Größentabelle Socken aus 6-fädiger Strumpfwolle weiter arb.
Gr. 40–43 = 54 M mit dem Nadelspiel in Anthrazit anschlagen = 1. und 3. Nadel je 13 M, 2. und 4. Nadel je 14 M und 4 Rd Randmuster, dann 40 Rd = 15 cm nach Zählmuster und noch 10 Rd in Wollweiß str. Für die weitere Arbeitsweise ist es erforderlich, bei der 1. und 3. Nadel je 1 M zun = 56 M = je Nadel 14 M. Die Ferse in Anthrazit, den Fußteil in Wollweiß und die Fußspitze in Grau str. Nach Angaben und Größentabelle Socken aus 6-fädiger Strumpfwolle weiterarb.

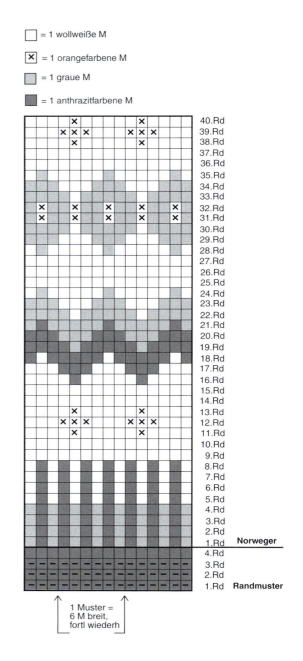

Mützen, Taschen & Co.

Damenmütze und Fausthandschuhe

Material:

- 200 g (Mütze) + 150 g (Handschuhe) Garn (50% Merinoschurwolle, 50% Polyacryl) in Naturweiß (z.B. Merino-Classic von Junghans-Wolle)
- Strick-N und 1 Nadelspiel 5,0–6,0

Strickmuster Mütze

S. Strickschrift. Rand: kraus re. Handschuhe: glatt li und Muster s. Strickschrift. Bündchen: 1 M re, 1 M li mit dünneren N str.

Maschenproben: Mütze / 1 Muster = 15 M = 7 cm breit / 25 R = 10 cm hoch; Handschuhe / glatt li: 17 M / 25 R = 10 cm breit / 10 cm hoch.

Arbeitsweise Mütze:

Für die Ohrenklappen je 6 M anschlagen und 24 R Muster arb, dann ab 3. R beids i. j. 2. R 11× 1 M nach Strickschrift im Musterverlauf zun = 28 M. Diese M auf Hilfs-N nehmen. Nun die M wie folgt einteilen: für den Nacken 13 M anschlagen, dann die 28 M der **1. Ohrenklappe**, für die **Stirn** 32 M neu dazu anschlagen, die 28 M der **2. Ohrenklappe** und noch 5 M neu dazu anschlagen. Über alle 106 M 44 R = 17,5 cm im Musterverlauf arb, dabei für die Abn in der 41. R fortl 1 M str, 2 M im Maschenrhythmus zus-str = 70 M, in der 43. und 44. R fortl 2 M zus-str. Restl 18 M mit einem Faden zus-ziehen und vernähen. Für den Rand entlang der Mützenkante 121 M aufnehmen und 4 R kraus re str. M lose abk. Rückwärtige Naht schließen. Für die Zöpfe 3 Bündel aus je 4 ca. 40 cm langen Fäden einknüpfen und diese flechten. Das Ende mit einem Faden fest umwickeln.

Rechter Handschuh:

39 M anschlagen und 6 cm 1 M re, 1 M li str. Nun die Arbeit wie folgt einteilen: **1. R:** 8 M li, 6 M Zopf und 25 M li. **2. R** und in allen **Rück-R** die M abstricken, wie sie erscheinen. **3 R:** 8 M li, 6 M Zopf, 6 M li, dann für den Daumenkeil mit den Zunahmen beginnen, dafür aus dem Querfaden 1 M li verschränkt herausstr, die 7. M li str und aus dem folgenden Querfaden 1 M li verschränkt herausstr, restl 18 M li str. Diese Zun i. j. 2. R noch 6-mal in gleicher Weise wiederh, d. h. stets **vor** und **nach** den zuletzt zugenommenen M. In der 16. R sind insgesamt 53 M auf der N. Nun die 15 M vom Daumen auf Hilfs-N nehmen. Beids. vom Daumen über die restl 38 M noch 34 R gerade hoch arb. In der folgenden R fortl 2 M zus-str. Restl 19 M mit einem Faden zus-ziehen und vernähen. Für den Daumen die M der Hilfs-N aufn, aus dem Querfaden zwischen Handfläche und -rücken 1 M li verschränkt aufn. Über 16 M 14 R glatt li str, in der 15. R fortl 2 M li str. Restl 8 M mit einem Faden zus-ziehen und vernähen. Seitl Naht der Hand und des Daumens schließen.

Linken Handschuh gegengleich arb.

Mützen, Taschen & Co.

Handschuhe

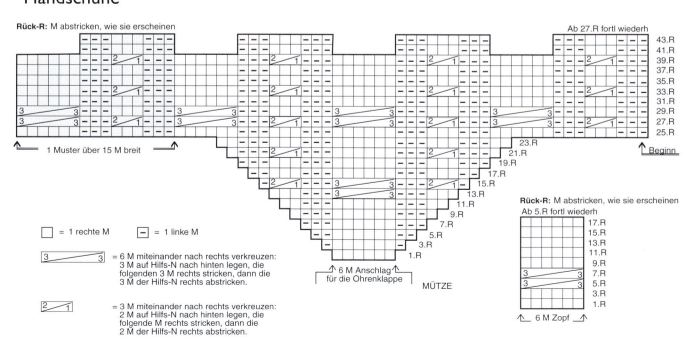

Rück-R: M abstricken, wie sie erscheinen
Ab 27.R fortl wiederh

1 Muster über 15 M breit

6 M Anschlag für die Ohrenklappe

MÜTZE

Rück-R: M abstricken, wie sie erscheinen
Ab 5.R fortl wiederh

6 M Zopf

☐ = 1 rechte M
— = 1 linke M

[3⟋3] = 6 M miteinander nach rechts verkreuzen: 3 M auf Hilfs-N nach hinten legen, die folgenden 3 M rechts stricken, dann die 3 M der Hilfs-N rechts abstricken.

[2⟋1] = 3 M miteinander nach rechts verkreuzen: 2 M auf Hilfs-N nach hinten legen, die folgende M rechts stricken, dann die 2 M der Hilfs-N rechts abstricken.

Pelerine mit Armstulpen

Größe:
36–40/42–46

Material:
- 700/850 g + 100 g (für die Armstulpen) Garn (75 % Schurwolle, 25 % Polyacryl) in Marineblau (z.B. Clou von Junghans-Wolle)
- Strick-N 6,0–8,0

Strickmuster:
Zopf I und II siehe Strickschrift, glatt re und 2 M re, 2 M li.

Maschenproben:
Glatt re:
13 M / 18 R = 10 cm breit / 10 cm hoch; 25 M Zopf II = 12 cm breit / 18 R = 10 cm hoch.

Versatz Zopf I:
Damit sich das Zopfmuster I beids. nach außen versetzt, ab 1. R wie folgt str: Die 27. und 28. (32. und 33.) M re zus-str, dann jeweils **nach** der 12. M von Zopf I und nach den Mittel-M an der gleichen Stelle 1 M re verschränkt herausstr. Dann wieder mit den beiden M **nach** Zopf I eine überzogene Abn arb. In dieser Weise die **Abnahmen** i. j. 2. R 10 ×

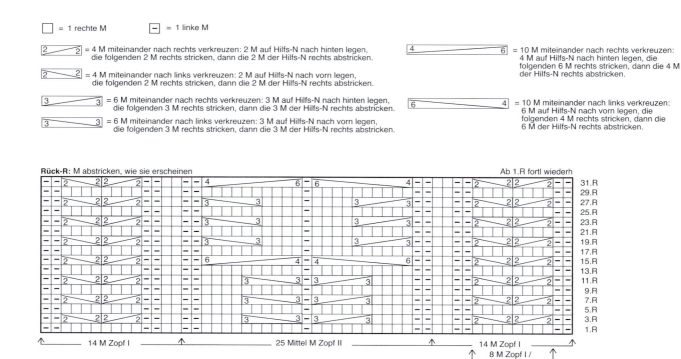

Mützen, Taschen & Co.

(14 x) arb, die **Zunahmen** i. j. 2. R 16 x (20 x) arb. **Hinweis:** Im Verlauf der Abn verringern sich zuerst die Anzahl der glatt re M, wenn keine re M mehr zur Verfügung stehen, werden die weiteren Abn in Zopf I ausgeführt.

Schultern/Betonte Abnahmen:

In den **Hin-R** an der **re Seite** mit der 9. und 10. M eine überzogene Abn arb, an der **li Seite** die entsprechenden M re zus-str. In den **Rück-R** (= Abn in jeder R) an der **re Seite** die 9. und 10. M li zus-str, an der **li Seite** die entsprechenden M li verschränkt zus-str.

Kragen:

90(98) M = 54(58) cm anschlagen und fortl 2 M re, 2 M li str. Nach ca. 24 cm alle M abk, wie sie erscheinen.

Fertigstellung/Pelerine:

Alle Strickteile auf Maß stecken und unter feuchten Tüchern trocknen lassen. Schulter- und Seitennähte schließen. Den Kragen in den Ausschnitt nähen und in der rückwärtigen Mitte so zus-nähen, dass er nach außen umgeschlagen werden kann. Zum Schluss Fransen aus ca. 50 cm langen Fäden einknüpfen.

Für die **Armstulpen:** 32(36) M = ca. 19(21) cm anschlagen und wie folgt str: 12(14) M fortl 2 M re, 2 M li (Gr. 42–46 mit 2 M li beginnen), 8 M Zopf und 12(14) M fortl 2 M li, 2 M re. Nach 60 R = ca. 30 cm die M abk, wie sie erscheinen und die Naht schließen.

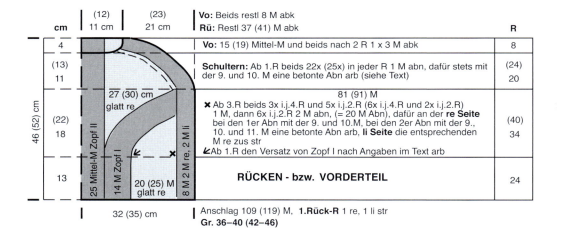

Mützen, Taschen & Co.

Mütze mit Norwegermuster (s. S. 214)

Material:

- 150 g Garn (50% Polyacryl, 35% Alpakawolle, 15% Schurwolle, z.B. Peru von Junghans-Wolle) in Grau
- 50 g Garn (50% Polyacryl, 35% Alpakawolle, 15% Schurwolle, z.B. Peru von Junghans-Wolle) in Schwarz
- Garnreste in Naturweiß, Rost und Hellgrau
- 1 Nadelspiel 5,0–6,0; für den Rand: Häkel-N 5,0

Strickmuster:

Glatt re in Norwegertechnik nach Zählmuster arb.

Tipp: Kleinere Farbflächen können im M-Stich aufgestickt werden.

Maschenprobe:

Glatt re Norwegermuster:
3 Muster = 24 M = 13 cm breit / 22 Rd = 10 cm hoch.

Für die **Mütze** 90 M anschlagen und 36 Rd = 16 cm glatt re nach Zählmuster arb, gleichzeitig in der 7. Rd 6 M vert zunehmen = 96 M. In der nächsten Rd glatt re in Grau str und mit den Abnahmen beginnen, dafür fortl die 15. und 16. M re zus-str = 6 M Abnahme = 90 M. 2 Rd glatt re, in der nächsten Rd fortl die 14. und 15. M re zus-str = 84 M. 2 Rd glatt re, in der nächsten Rd fortl die 13. und 14. M re zus-str = 78 M.
1 Rd glatt re, in der nächsten Rd fortl die 12. und 13. M re zus-str = 72 M. Reste in Naturweiß, Rost und Hellgrau von der Jacke. 1 Nadelspiel 5,0–6,0; für den Rand: Häkel-N 5,0. In jeder Rd noch 10 × die Abnahmen ausführen. Restl 12 M mit einem Faden zus-ziehen und vernähen.

Für die **Ohrenklappen** in Grau 30 M aus dem Anschlagrand aufnehmen (4 M von der hinteren Mitte) und in Hin- und Rück-R arb. Am hinteren Rand in jeder R 5 × 1 M abnehmen, gleichzeitig am vorderen Rand (= Gesicht) in jeder R 5 × 2 und 3 × 1 M abnehmen. Über diese 12 M 10 R glatt re str, dann i. j. 2. R beids. 1 M abk, bis keine M mehr übrig ist. 2. Klappe gegengleich arb. Den Rand in Grau mit 1 Rd fM umhäkeln, dann für den Zierrand in Schwarz * unter die fM einstechen und 1 lange fM häkeln, 1 Lftm, ab * fortl wiederh. Für die Zöpfe 18 ca. 100 cm lange Fäden in Grau in der Spitze der Ohrenklappe einknüpfen und flechten. Zum Schluss die Ohrenklappen nach eigenem Ermessen im M-Stich besticken.

Mützen, Taschen & Co.

Mütze mit Umschlag (s. S. 216)

Material:

- 100 g Wolle (15 % Schurwolle, 25 % Polyamid) in Weinrot-Petrol (z. B. Jawoll Magic 84.0064 von Lang Yarns)
- je 1 kurze Rundstrick-N Nr 3 und 3½ (z. B. von Addi)

Maschenprobe:

Muster II, N Nr. 3½
26 M = 10 cm breit
30 M = 10 cm

Ausführung:

Anschl 128 M, die M zur Rd schließen und den Rd-Beginn bezeichnen. Im Muster I str. Bei 4 cm ab Anschl im Muster II weiterstr, dabei in der 1. Rd vert 32 M aufn = 160 M. Nach 56 R im Muster II mit den **Schlussabn** beginnen, dabei den Rd-Beginn um 1 M nach li verschieben:

1. Rd: 8 M str, anschließend stets die folg 9. + 10. M li zus-str = 145 M.

2. und alle nicht genannten Rd: Ohne Abn arb.

5. Rd: 3 M str, die folg 2 M li zus-str, anschließend stets die folg 8. + 9. M li zus-str = 130 M. Ab hier werden die M nur noch Mustergemäß re oder li gestr.

9. R: 2 M re zus-str, anschließend stets die folg 7. + 8. M re zus-str = 115 M.

13. Rd: 2 M str, anschließend stets die folg 6. + 7. M re zus-str = 100 M.

15. Rd: 2 M re zus-str, anschließend stets die folg 5. + 6. M re zus-str = 85 M.

17. Rd: 2 M str, 2 M re zus-str, anschließend stets die folg 4. + 5. M re zus-str = 70 M.

19. Rd: Stets 2 M re zus-str = 35 M.

21. Rd: 1 M re, dann stets 2 M re zus-str = 17 M.

23. Rd: Stets 2 M re zus-str, 1 M re. Die restl 9 M mit einem Faden zus-ziehen.

Regenbogen-Strümpfe (s. S. 218)

Größe:

38

Material:

- 200 g Garn (75. % Schurwolle, 25. % Polyamid) in Bunt (z. B. Jawoll Magic degrade Multicolor 85.0080 von Lang Yarns)
- Spiel-Strick-N Nr. 2 1/2 (z.. B. von Addi)

Muster I:

N Nr. 2½: 1 M re verschr, 1 M li.

Muster II:

N Nr .2½: Glatt re = Vorders re, Rücks li. In Rd alle M re str.

Maschenprobe:

Muster II, N Nr. 2½: 30 M = 10 cm breit, 38 R = 10 cm hoch

Ausführung:

Anschl 88 M. Im Muster I rundstr. Bei 10 cm ab Anschl im Muster II weiterstr. Bei 17 cm ab Anschl für die **Wadenabn** mit der 1. + 2. M der Rd 1 übz-Abn arb (1 M abh, 1 M re str und die abgeh M über die gestr M ziehen) und die letzten 2 M der Rd re zus-str. Diese Abn 13 × jede 8. Rd wdh = 60 M. Anschließend gerade weiterstr. Bei ca. 56 cm ab Anschl für die **Ferse** die M der 1. + 4. N zusammennehmen, dazu noch 1 M der 3. N auf die 4. N und 1 M der
2. N auf die 1. N heben = 32 M. Nun über diese M die Ferse wie folgt str: *Auf der Vorders re str und mit den letzten 2 M 1 übz-Abn arb, wenden, 1 M li abh (mit dem Faden vor der Arb), li str und die letzten 2 M li zus-str, wenden, 1 M re abh (mit dem Faden hinter der Arb)*, von * zu * stets wdh, bis nur noch 8 M auf der N sind. Nun auf der Vorders bis in die Mitte str (= Rd-Beginn). 1 neue N nehmen und 4 M str, anschließend die abgen M wie folgt aufn: in jedes Abn einstechen und 1 M holen (12 ×), 2. + 3. N str, nun die M der re Seite gleich aufn, 4 M dazustr = 60 M. Nun in Rd im Muster II weiterstr, dabei die M gleichmäßig auf 4 N vert. Gerade weiterstr.
Bei 19,5 cm ab Fersenmitte die **Schlussabn** beginnen. 1. Abn-Rd: Auf der 1. + 3. N bis zu den letzten 3 M str, 2 M re zus-str, 1 M re. Auf der 2. + 4. N 1 M re str, 1 übz-Abn arb, die N beenden. Diese Abn jede 2. Rd wdh 28 M erreicht sind. Nun die Abn noch 5 × jede Rd wdh.
Faden abbrechen und durch die restl M ziehen.

Mützen, Taschen & Co.

Mützen, Taschen & Co.

Schal und Stulpen (s. S. 220)

Größe:

ca. 25 cm × 200 cm

Material:

- 350 g Garn (70 % Alpakawolle, 20 % Polyamid, 10 % Schurwolle) in Hellgrau (z. B. Jawoll Magic 84.0064 von Lang Yarns)
- Strick-N Nr. 7, 1 Spiel-N Nr. 6 (z. B. von Addi)

Muster I:

N Nr 7: Wellenmuster: **1. R Vorders:** 1 Rdm, 13 M re, 13 M li, 1 Rdm.
2.–16. R: Die M str wie sie erscheinen.
17. R (Rücks oder Vorders): 1 Rdm, mit der Hilfs-N aus der 2. R (Rücks der Arb) die 7.–13. M auffassen und mit den ersten 7 M nach der Rdm re zus-str, 6 M re, 13 M li, 1 Rdm. Die 1.–17. R stets wdh, dabei erscheint das Muster durch die ungerade R-Zahl im Wechsel auf beiden Seiten.

Tipp:

Die Rdm ebenfalls im entsprechenden Muster str.

Maschenprobe:

Muster I, N Nr 7: 11 M = 10 cm breit, 16 R = 10 cm hoch.

Ausführung:

Anschl 28 M. Im Muster I str. Bei ca. 200 cm ab Anschl (in einer 10. Muster-R) alle M locker abk.

Stulpen

Material:

- 200 g Garn (70 % Alpaka, 20 % Polyamid, 10 % Schurwolle) in Hellgrau (z. B. Malou 769.0003 von Lang Yarns)
- Spiel-Strick-N Nr 7 (z. B. von Addi)

Muster I:

N Nr. 7: 1 M re, 1 M li.

Muster II:

N Nr. 7: Biesenmuster: **s. Kragen.**

Maschenprobe:

Muster II, N Nr.: 7: 11 M = 10 cm breit, 16 R = 10 cm hoch.

Ausführung (2x str):

Anschl 30 M, die M zur Rd schließen und den Rd-Beginn bezeichnen. Im Muster I rundstr. Bei 2 cm ab Anschl im Muster II weiterstr. Bei 33 cm ab Anschl (nach einer 8. oder 13. Rd) im Muster I weiterstr. Bei 35 cm ab Anschl alle M abk.

Mützen, Taschen & Co.

Schalkragen (s. S. 222)

Größe:

one size

Modellmaße:

Kragenweite: 98 cm
Länge: 60 cm

Material:

- 300 g Garn (60 % Merinowolle, 20 % Kaschmir, 20 % Seide) in Grau (z. B. Supreme 801.0070 von Lang Yarns)
- Strick-N Nr 4 (z. B. von Addi)

Muster I:

N Nr. 4: Glatt re = Vorders re, Rücks li.

Maschenprobe:

Muster I, N Nr. 4:
24 M = 10 cm breit
34 R = 10 cm hoch

Ausführung:

Rechte Hälfte: Anschl 74 M. Im Muster I str. Bei 98 cm ab Anschl für die Nackenschräge an der **re** Kante jede 2. R 7 x 9 M abk. Bei 102 cm ab Anschl die restl 11 M locker abk.

Linke Hälfte: Gegengleich zur re Hälfte str.

Fertigstellung:

Nähte wie folgt schließen. Die li Seitenkante der **re** Hälfte schließen (= **A** mit **A**), die mittleren 14 cm bleiben offen. Anschließend die **li** Hälfte von hinten nach vorn durch den Schlitz der **re** Hälfte ziehen und dann die **re** Seitenkante der **li** Hälfte schließen (= **B** mit **B**). Nun noch die Nacken- und Rückennaht schließen (= **C** mit **C** und **D** mit **D**).

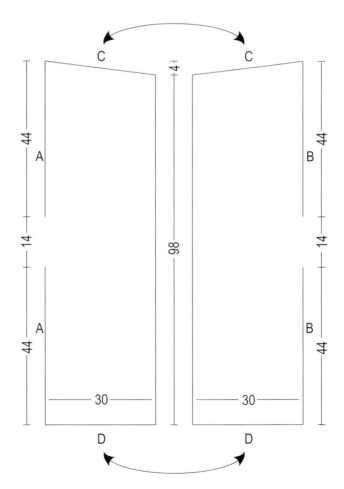

Mützen, Taschen & Co.

Register

Abketten 19
Abnäher 24
Acrylfaser 8
Acryl-Woll-Mischung 6
Ajourmuster 52 ff.
Alpakawolle 6
Angorawolle 6
Anschlag
  - aufgeschlungener 17
  - einfacher aufgestrickter 16
  - mit Kontrastgarn, runder (unsichtbarer) 18
Armausschnitt, runder 96 f.
Ärmel mit angestrickter Schulterpartie 105 ff.
Ärmelansatz, gerader 93 f.

Babyjacke mit Pikots 160 f.
Babyjacke mit Zopfmuster 154 ff.
Babyjacke 176 f.
Baby-Kapuzenjacke 178 f.
Babypullover mit Zopfmuster 152 f.
Babypullover 165 f.
Bastgarn 7
Baumwolle 7
Blenden über Eck 30
Bouclégarn 6
Bündchen über Eck 30
Bündchen 28

Cablégarn 6
Chenillegarne 6

Damenjacke mit Zopfmuster 131 ff.
Damenmütze und Fausthandschuhe 208 f.
Damenpullover mit Ajour- und Zopfmuster 120 f.
Damenpullover mit Rauten 114 ff.

Effektgarne 7
Fantasiemuster 80 ff.
Fingerhut 9
Flickarbeit 34

Garnspulen 9
Geringeltes Top 147 ff.

Häkelnadeln 8
Halbraglanärmel 99 f.
Halsausschnitt, rechteckiger 93 f.
Halsausschnitt, runder 103 ff.
Herrenjacke 150 f.
Herrenpullover 135 f.

Kapuzenschal 204 f.
Kaschmirwolle 6
Kimono mit Halsausschnitt 108 ff.
Kinderkleid mit Mütze und Beinstulpen 180 ff.
Kinderkniestrümpfe 172 f.
Kinderpullover 183 ff.
Kleid 141 f.
Kniestrümpfe mit aufgesetztem Zopf 202 f.
Knopflöcher 33
Kopftuch für Mädchen 171
Kragenlösungen 101 f.
Kreuzanschlag, einfacher 15
Kurzarm-Babyjacke mit Zopfmuster 157 ff.

Lamé 8
Lange Damenjacke mit Norwegermuster 124 ff.
Leinen 7
Leinen-Baumwoll-Mischung 7
Loopschal 186 f.

Mantel und Ponchopulli 143 ff.
Maschen abnehmen 23
Maschen zunehmen 21
Maschenmarkierungsringe 9
Maschenraffer 9
Maßband 9
Maße 92
Mohairwolle 7
Mütze mit Bommel 188 f.
Mütze mit Norwegermuster 213 f.
Mütze mit Umschlag 215 f.
Mütze, Schal und Stulpen 190 ff.

Nadeln, beidseitig spitze 8
Nadelschützer 9

Passformen 92
Pelerine mit Armstulpen 210 ff.
Polokragen 100 f.

Raglanärmel 102 f.
Randabschlüsse 28
Randmaschen 27
Regenbogenstrümpfe 217 f.
Reihenzähler 9
Reliefmuster 70 ff.
Rippenmuster 45 ff.
Rock 117 ff.
Rundstricknadeln 8

Säume 28 f.
Schal und Stulpen 219 f.
Schal 198 f.
Schalkragen 221 f.
Seide 7
Shetlandwolle 7
Socken mit Norwegermuster 206 f.
Sportwolle 7
Stola 139 f.

Stopfnadeln 9
Strickjacke für Jungen 167 ff.
Strickjacke für Mädchen 162 ff.
Strickliesel 9
Strickmuster 36 ff.
Stricknadeln, normale 8

Taillierter Pullunder 137 f.
Tasche mit Krausrippenmuster 200 f.
Tasche mit Rosetten 196 f.
Taschen 31 f.
Tunika 128 ff.

V-Ausschnitt 97 ff.

Weste 122 f.
Wickelpullover und Schühchen für Babys 174 f.

Zopfmuster 61 ff.
Zopfnadeln 8
Zunehmen, dekoratives 22
Zusammennähen 25 f.
Zusammennähen, unsichtbares 20

Quellennachweis

Wir bedanken uns bei allen Bild- und Textlieferanten, die uns durch die Bereitstellung von Bild- und Textmaterial freundlicherweise unterstützt haben.

Agenzia SIA, Studio Ingaldi: 6–12 o., 15–34, 37 o. r.–43, 45, 51, 53–60, 62–69, 71 o. r.–79, 81–88, 96 o., 99 o., 102 o., 104, 105 o., 107 u. r., 110 o., 111 u. aus „Scuola di Maglia", 2005 Giunti Editore, Florenz-Mailand
Compact Verlag GmbH/ AUSTERMANN Schoeller Süssen GmbH, Bühlstraße 14, 73079 Süssen: 114–123, 139–149, 152–161, 186–201
Compact Verlag GmbH/fotolia.com: nubia87 91, René de Brunn 113
Compact Verlag GmbH/Junghans Wollversand GmbH & CO.KG, Gut-Dämme-Str.4, 52070 Aachen: 124–138, 150–151, 180–182, 202–214
Compact Verlag GmbH/LANG Garn & Wolle GmbH, Püllenweg 20, 41352 Korschenbroich, www.langyarns.com: 162–179, 183–185, 215–222
Compact Verlag GmbH/mauritius images: 14
Compact Verlag GmbH/shutterstock.com: Zhukov Oleg 5
Marina Bighellini, Valeriano Casella und Paola Stanca: 12 M./u., 13, 35–37 o. l., 44, 52, 61, 70 u., 71 o. l./M., 80, 89, 90, 93, 94, 96 u., 97, 98. 99 u., 100, 102 u., 103, 105 u., 106, 107 o. l., 108, 109 110 u., 111 o., 112 aus „Scuola di Maglia", 2005 Giunti Editore, Florenz-Mailand